Leckere asiatische
Nudelgerichte

BELLA▲VISTA

ASIATISCHE NUDELSORTEN

Die breite Palette asiatischer Nudeln und Zutaten, die inzwischen bei uns erhältlich ist, zeugt von der zunehmenden Beliebtheit der asiatischen Küche bei uns. Gerade Nudeln sind sehr vielseitig, müssen häufig nur ein paar Minuten eingeweicht werden und sind Bestandteil vieler köstlicher Gerichte.

GLASNUDELN

Auch als Mungobohnen-Vermicelli oder Zellophannudeln bekannt. Die dünnen, transparenten Nudeln werden aus Mungobohnen und Tapiokastärke hergestellt. Aufgrund ihrer gelatineartigen Beschaffenheit nehmen sie die Aromen anderer Zutaten gut auf. Man verwendet sie meist für Suppen und pfannengerührte Gerichte. Vor dem Gebrauch weicht man sie 3–4 Min. in kochendem Wasser ein oder frittiert sie in getrocknetem Zustand.

GETROCKNETE REISBANDNUDELN

Die durchsichtigen, flachen Nudeln sind dicker als Glasnudeln und werden vor dem Gebrauch 15–20 Min. in warmem Wasser eingeweicht. Da sie beim Kochen bissfest bleiben, eignen sie sich sehr gut für Gerichte wie z.B. Phad-Thai-Nudeln. Sollen sie eine weichere Beschaffenheit bekommen, kocht man sie 3–5 Min. in gesalzenem Wasser.

GETROCKNETE DÜNNE REISNUDELN

Sie zählen zu den in Asien beliebtesten und vielseitigsten Nudeln und werden aus Reismehlpaste hergestellt. Vor dem Gebrauch in pfannengerührten Gerichten und Suppen weicht man sie 6–7 Min. in kochendem Wasser ein. Frittiert man sie, werden sie viermal so dick wie in getrocknetem Zustand und geben so eine beliebte, knusprige Garnitur ab.

HOKKIEN-NUDELN
Die dicken, frischen Nudeln, die vor dem Verpacken gekocht und leicht eingeölt werden, kommen meist vakuumiert in den Handel. Vor dem Gebrauch in pfannengerühren Gerichten, Suppen und Salaten weicht man sie lediglich 1 Min. in kochendem Wasser ein und lässt sie gut abtropfen.

EIERNUDELN
Diese in Asien wohl bekannteste Nudelsorte wird aus Weizenmehl und Eiern hergestellt und ist in unterschiedlichen Breiten erhältlich. Frische Eiernudeln sind im Kühlschrank etwa 1 Woche haltbar und werden vor dem Gebrauch lediglich 1 Min. in kochendes Wasser gegeben, während man getrocknete Nudeln 3–4 Min. kocht.

FRISCHE REISNUDELN
Die weißen, flachen Nudeln werden aus einem dünnen Reismehlteig hergestellt und vor dem Verpacken gedämpft und leicht eingeölt. Vor dem Gebrauch bedeckt man sie mit kochendem Wasser, zieht sie dann vorsichtig auseinander und lässt sie gut abtropfen. Sie sollten innerhalb von ein paar Tagen verzehrt werden und nicht in den Kühlschrank gestellt werden, da sie sonst hart werden und sich nicht mehr voneinander trennen lassen. Meist verwendet man sie für Suppen und pfannengerührte Gerichte.

RAMEN-NUDELN
Diese Weizennudeln sind in Japan ein sehr beliebter Imbiss und werden in Instant-Form, meist mit einem Päckchen Trockenbrühe, angeboten. Es gibt sie sowohl frisch als auch getrocknet und vor dem Gebrauch kocht man sie 2–5 Min.

SHANGHAI-NUDELN
Die dicken, runden Eiernudeln sind Hokkien-Nudeln sehr ähnlich, werden jedoch vor dem Verpacken weder gekocht noch eingeölt. Vor dem Gebrauch kocht man sie 4–5 Min. in gesalzenem Wasser und schreckt sie unter fließend kaltem Wasser ab.

Im Uhrzeigersinn von links: Glasnudeln, Getrocknete Reisbandnudeln, Getrocknete dünne Reisnudeln, Hokkien-, Shanghai- und Ramen-Nudeln, frische Reisnudeln und drei Sorten Eiernudeln.

SOBA-NUDELN

werden aus Buchweizen und Weizenmehl hergestellt und manchmal auch mit pulverisiertem grünen Tee gewürzt. Meist verwendet man sie für Suppen oder serviert sie kalt mit einer Dippsauce. Soba-Nudeln sind frisch und getrocknet erhältlich und werden vor dem Verzehr in etwa 5 Min. in kochendem und gesalzenem Wasser bissfest gekocht.

SOMEN-NUDELN

Die feinen, weißen japanischen Nudeln werden aus Weizenmehl hergestellt und meist kalt, manchmal auch mit etwas Brühe verzehrt. Vor dem Gebrauch weicht man sie 2 Min. in kochendem Wasser ein und schreckt sie unter fließend kaltem Wasser ab. Danach lässt man sie gründlich abtropfen.

UDON-NUDELN

Die weißen japanischen Nudeln werden aus Weizenmehl hergestellt und kommen in verschiedenen Größen und Breiten in den Handel. Es gibt sie sowohl in frischer als auch in getrockneter Form. Vor dem Verzehr kocht man sie in 1–2 Min. in gesalzenem Wasser bissfest. Meist verwendet man sie für Suppen, serviert sie aber auch kalt oder in Schmorgerichten.

WEIZENNUDELN

sind in frischer oder getrockneter Form erhältlich. Sie werden ohne Ei hergestellt und sehr vielseitig verwendet. Man kocht sie in 2–4 Min. in gesalzenem Wasser bissfest und schreckt sie anschließend unter fließend kaltem Wasser ab. Frische Weizennudeln sind im Kühlschrank etwa 1 Woche haltbar.

Im Uhrzeigersinn von links: drei verschiedene Sorten Soba-Nudeln, Somen-Nudeln (aufrecht und liegend), Udon-Nudeln, Somen-Nudeln und Weizennudeln.

GLOSSAR

SCHWARZE BOHNEN sind vergorene, stark gesalzene Sojabohnen. Vor dem Gebrauch gründlich abbrausen. Sie sind in Dosen eingemacht oder verpackt erhältlich. Nach dem Öffnen in luftdichten Behältern im Kühlschrank aufbewahren.

SCHWARZE PILZE, auch als Wolkenohren bekannt. Ein Baumpilz mit wenig Eigengeschmack, der aber wegen seiner knackigen Konsistenz geschätzt wird. Da sie meist getrocknet erhältlich sind, weicht man sie 20 Min. in warmem Wasser ein.

PAK-CHOI

Auch als chinesischer Blätterkohl bekannt. Pak-Choi besitzt weiße Stiele und grüne, flache Blätter, deren Geschmack an Senf erinnert. Man verwendet Stiele und Blätter für Suppen, als Gemüse oder in Salaten.

KEMIRINNÜSSE sind harte, wachsähnliche Nüsse, die an Macadamia-Nüsse erinnern. Ihre Konsistenz ist jedoch härter. Roh sind sie ungenießbar und werden vor dem Verzehr geröstet. Gemahlen verwendet man sie zum Eindicken von Currys und Saucen.

CHINESISCH GEGRILLTES SCHWEINEFLEISCH (Char sui) ist Schweinefilet, das in einer Mischung aus Sojasauce, Fünf-Gewürzpulver und Zucker mariniert und dann über heißen Holzkohlen gegrillt wird.

SHAOXING-REISWEIN wird aus vergorenem Reis hergestellt. Geschmacklich erinnert er an trockenen Sherry.

DASHI wird aus getrocknetem Seetang (Kombu) und Trockenfisch (Bonito) hergestellt. Die japanische Brühe ist als Granulat oder Pulver erhältlich und wird in heißem Wasser aufgelöst.

FISCHSAUCE schmeckt streng und wird aus vergorenen, kleinen Fischen hergestellt, die man mehrere Monate in Holzfässern in Salz einlegt. Ein in Südostasien beliebtes Würzmittel.

HOISIN-SAUCE ist eine dicke, süßscharfe, chinesische Sauce, die aus Sojabohnen, Knoblauch, Zucker und Gewürzen hergestellt wird. Man verwendet sie zum Kochen und zum Dippen. Im Kühlschrank aufbewahren.

JAPANISCHE SOJASAUCE (*Shoyu*) ist wesentlich leichter und süßer als die chinesische Version.

KAFFIR-LIMETTENBLÄTTER sind glänzende, dunkelgrüne Blätter, die Gerichten einen wunderbaren Duft verleihen. Sie sind sowohl frisch als auch getrocknet erhältlich. Ihre Form erinnert an eine Acht.

In den Rezepten bezeichnet ein Blatt eine halbe solche Acht. Frische Kaffir-Limettenblätter lassen sich gut einfrieren. Gewöhnliche Limettenblätter sind kein Ersatz.

KETJAP MANIS ist eine dicke, dunkle und süß schmeckende Sojasauce. Sie wird vor allem in der indonesischen und malaysischen Küche verwendet. Als Ersatz mischt man etwas braunen Zucker unter gewöhnliche Sojasauce bis sich der Zucker auflöst.

ZITRONENGRAS ist ein aromatisches Kraut, das man am besten frisch verwendet. Das untere Ende und die harten, äußeren Blätter abschneiden und die inneren, weißen Schichten fein hacken. Zitronengras wird häufig für Currypasten und pfannengerührte Gerichte verwendet. Ganze Stängel verwendet man für für Currys und Brühen.

MIRIN ist süßer Reiswein aus Japan, der aus Reis hergestellt wird. Er verleiht Saucen, gegrillten und glasierten Gerichten Süße und Aroma.

MISOPASTE wird aus vergorenen Sojabohnen hergestellt. Sie ist eine wichtige Zutat in japanischen Suppen, Saucen, Marinaden und Dippsaucen. Je heller die Paste, desto milder und süßer schmeckt sie.

MITSUBA, auch Steinpetersilie oder japanische Petersilie genannt und besitzt einen leicht pfeffrigen Geschmack. Junge Blätter nimmt man meist für Salate, ältere für pfannengerührte Gerichte.

PONZU ist eine japanische Dippsauce, die zu gleichen Teilen aus Sojasauce (Shoyu) und Zitronen- oder Limettensaft besteht.

REISPAPIER-TEIGBLÄTTER sind papierdünne, zerbrechliche Teighüllen aus Reismehl, Salz und Wasser. Es gibt sie getrocknet in Verpackungen geschweißt, in denen sie unbegrenzt haltbar sind. Vor dem Gebrauch weicht man sie kurz in warmem Wasser ein.

REISWEINESSIG ist ein blassgelber, milder und süß schmeckender Essig aus vergorenem Reis. Meist verwendet man ihn für Dressings und Marinaden.

SANSHO-PULVER ist ein dem Szechuan-Pfeffer ähnliches Gewürz aus Japan. Es sind die gemahlenen Schalen der Beeren eines Rautengewächses. Sansho, zu deutsch: „scharfe Asche", erinnert geschmacklich an Pfeffer und Zitronen und ist nur gemahlen in Asia-Shops erhältlich.

SESAMÖL ist ein aromatisches Öl aus gerösteten Sesamsamen. Man verwendet es sparsam, da es einen intensiven, fast strengen Geschmack besitzt.

SHIITAKE-PILZE wachsen auf der Rinde einer Eichbaumart. Sie werden sowohl in der japanischen als auch in der chinesischen Küche häu-

fig verwendet. Es gibt sie in frischer und getrockneter Form. Getrocknete Pilze werden vor dem Gebrauch in warmem Wasser eingeweicht. Danach entfernt man die holzigen Stiele. Die Einweichflüssigkeit verwendet man als Brühe.

TAMARINDE ist das fruchtig und säuerlich schmeckende, faserige Fruchtfleisch von bestimmten Hülsenfrüchten. Es ist als Konzentrat und in Blockform erhältlich und wird vor dem Gebrauch eingeweicht und gesiebt.

WASABI ist eine stechend riechende Paste, die aus der knorrigen, dem Meerrettich ähnlichen Wurzel der japanischen Wasabipflanze gewonnen wird. Man verwendet sie in kleinen Mengen und reicht sie zu Sushi und Nudelgerichten. Vorsicht, sie ist sehr scharf!

Asiatisch Kochen mit Nudeln

Asiatische Nudeln sind sehr vielseitig. Mit ihnen lassen sich köstliche Gerichte zubereiten, angefangen vom cremigen Laksa bis hin zu würzigen, pfannengerührten Gerichten.

NUDELSUPPE MIT HUHN UND CURRY

Vorbereitungszeit: 15 Min.
Garzeit: 1 Std.
Für 4 Personen

175 g getrocknete, dünne Eiernudeln
2 EL Erdnussöl
2 Hühnerbrustfilets (je ca. 250 g)
1 Zwiebel, klein geschnitten
1 frischer roter Chili, entkernt und fein gehackt
1 EL fein gehackter, frischer Ingwer
2 EL Currypulver
750 ml Hühnerbrühe
800 ml Kokosmilch
300 g junger Pak-Choi, in lange dünne Streifen geschnitten
Salz, nach Geschmack
20 g frisches Basilikum, zerpflückt

1 Die Nudeln in einem großen Topf mit gesalzenem, kochendem Wasser in 3–4 Min. bissfest kochen, abgießen, gut abtropfen lassen und beiseite stellen. Topf auswischen und abtrocknen.

2 Öl im trockenen Topf erhitzen und die Hühnerbrustfilets darin von jeder Seite etwa 5 Min. braten bis das Fleisch durch ist. Herausnehmen und warm stellen.

3 Zwiebeln in den Topf geben und in etwa 8 Min. bei niedriger Hitze weich dünsten, ohne Farbe annehmen zu lassen. Chili, Ingwer und Curry zugeben und weitere 2 Min. garen. Dann die Brühe zugießen und die Suppe bei niedriger Hitze etwa 20 Min. köcheln lassen. Die Hühnerbrüste diagonal in dünne Streifen schneiden.

4 Kokosmilch dazugießen und die Suppe weitere 10 Min. köcheln lassen. Mit Salz abschmecken.

5 Die Nudeln auf 4 Suppenteller aufteilen und das Fleisch darüber verteilen. Die Suppe darüber schöpfen und mit dem zerpflückten Basilikum garnieren. Sofort servieren.

NÄHRWERT PRO PORTION:
Fett 55,5 g; Eiweiß 42 g; Kohlenhydrate 43 g; Ballaststoffe 7 g; Cholesterin 70.5 mg; 3470 kJ (830 cal)

Nudelsuppe mit Huhn und Curry

NUDELKÜCHLEIN MIT
THUNFISCH-INGWER-
SALAT
Vorbereitungszeit: 20 Min.
Garzeit: 30 Min.
Für 6 Personen (als Vorspeise)

70 g Soba-Buchweizennudeln
125 ml Milch
3 Eigelbe
1 TL Sesamöl
2 TL Sojasauce
125 g Mehl, gesiebt
1 TL Backpulver
2 Eiweiß
3 EL Erdnussöl
400 g Thunfischsteaks
Salz u. Pfeffer aus der Mühle
40 g Mitsubablätter (japanische
  Petersilie)
2 Frühlingszwiebeln, diagonal
  in dünne Scheiben
  geschnitten
30 g eingemachter Ingwer, in
  dünnen Streifen
1 EL schwarze Sesamsamen
Limettenspalten, als Garnitur

Dressing
1 TL Wasabi-Paste
2 EL Ponzu
1 TL Ingwersirup

1 Die Nudeln in einem
großen Topf mit gesalzenem
und kochendem Wasser in
2–3 Min. bissfest kochen.
Abgießen und unter fließend
kaltem Wasser abspülen. Abtropfen lasen und in 2 cm
lange Stücke schneiden.

Nudelküchlein mit Thun-
fisch-Ingwersalat (oben) und
Glasnudelsuppe mit Schweinefleisch

2 Milch, Eigelbe, Sesamöl
und Sojasauce verrühren.
Mehl und Backpulver in eine
große Schüssel sieben und in
die Mitte eine Mulde drü-
cken. Die Milch-Eiermi-
schung unterrühren bis ein
glatter Teig entsteht. Dann
die Nudeln untermengen.
Eiweiß in einer sauberen
Schüssel mit dem Handrühr-
gerät steif schlagen und unter
den Teig heben.
3 1 EL Erdnussöl in einer
beschichteten Pfanne erhitzen. 80 ml des Teiges in die
Pfanne geben und bei mittlerer Hitze von jeder Seite in
2 Min. goldbraun backen.
Aus dem übrigen Teig
5 weitere Küchlein backen.
4 Eine Grillpfanne aus
Gusseisen erhitzen. Die
Thunfischsteaks mit dem
übrigen Öl einpinseln, salzen
und pfeffern. Von jeder Seite
1–2 Min. braten bis sie gerade
durch sind. Mitsubablätter,
Frühlingszwiebeln und Ingwer in einer großen Schüssel
verrühren.
5 Für das Dressing Wasabi,
Ponzu und Ingwersirup verrühren. Mitsubablätter-Mi-
schung unterrühren. Thun-
fisch in dünne Scheiben
schneiden.
6 Die Küchlein auf 6 Teller
geben und den Salat mit dem
Thunfisch darauf anrichten.
Mit Sesam bestreuen und mit
Limettenspalten garnieren.

NÄHRWERT PRO PORTION:
Fett 18,5 g; Eiweiß 25 g; Kohlenhydrate 27 g; Ballaststoffe 1,5 g; Cholesterin 116,5 mg; 1555 kJ (370 cal)

GLASNUDELSUPPE MIT
SCHWEINEFLEISCH
Vorbereitungszeit: 10 Min.
Garzeit: 20 Min.
Für 4 Personen

150 g dünne Glasnudeln
2 TL Erdnussöl
2 TL gehackter, frischer Ingwer
1,25 l Hühnerbrühe
80 ml chinesischer Reiswein
1 EL Hoisin-Sauce
1 EL Sojasauce
4 Frühlingszwiebeln, diagonal
  in dünne Scheiben
  geschnitten, davon etwas für
  die Garnitur
300 g in Scheiben geschnit-
  tenes, auf chinesische Art
  mariniertes und gebratenes
  Schweinefleisch

1 Die Nudeln mit kochen-
dem Wasser bedecken und
3–4 Min. einweichen.
2 Öl in einem großen Topf
erhitzen. Ingwer darin 1 Min.
pfannenrühren. Brühe, Reiswein, Hoisin- und Sojasauce
zugeben und 10 Min. kö-
cheln lassen. Frühlingszwiebeln und Schweinefleisch zugeben und weitere 5 Min.
köcheln lassen.
3 Nudeln auf 4 große Portionsschüsseln aufteilen und
die Brühe darüber schöpfen.
Das Schweinefleisch darauf
anrichten. Mit Frühlingszwiebeln garnieren.

NÄHRWERT PRO PORTION:
Fett 11,5 g; Eiweiß 26 g; Kohlenhydrate 38 g; Ballaststoffe 1 g; Cholesterin 67 mg; 1565 kJ (375 cal)

Knusprige Ente mit Hokkien-Nudeln

Vorbereitungszeit: 20 Min.
Garzeit: 40 Min.
Für 4 Personen

2 Entenbrüste (je 300-350 g)
2 TL Salz
1 EL Fünf-Gewürz-Pulver
400 g Hokkien-Nudeln
100 g Zuckerschoten
1 EL Erdnussöl
2 Knoblauchzehen, zerdrückt
2 TL fein gehackter, frischer
  Ingwer
1 kleiner roter Chili, entkernt
  und fein gehackt
3 EL Sojasauce
1 EL Hoisin-Sauce
2 EL Pflaumensauce
1 EL Honig
50 g Bohnensprossen
3 Frühlingszwiebeln, in dünne
  Scheiben geschnitten
150 g Salatgurke, in dünne
  Scheiben geschnitten

1 Ofen auf 230 °C (Gas: Stufe 4–5) vorheizen. Entenbrüste mit der Hautseite nach oben in eine kleine Bratenreine legen. Salz und Gewürzpulver vermischen und die Entenbrüste damit einreiben. 35 Min. braten, herausnehmen, 5 Min. zugedeckt ruhen lassen und in dünne Scheiben schneiden.
2 Nudeln 1 Min. in kochendem Wasser einweichen. Abtropfen lassen und in eine große Schüssel geben. Zuckerschoten 15 Sek. blanchieren.
3 Erdnussöl in einem Topf erhitzen und Knoblauch, Ingwer und Chili darin 30 Sek. garen. Soja-,Hoisin- und Pflaumensauce, Honig und 2 EL Wasser verrühren, dazugießen und 1 Min. köcheln lassen.
4 Entenfleisch, Nudeln, Zuckerschoten, Bohnensprossen, Frühlingszwiebeln, Gurke und die warme Sauce miteinander vermischen und servieren.

Nährwert pro Portion:
Fett 17,5 g; Eiweiß 48 g; Kohlenhydrate 71 g; Ballaststoffe 5 g; Cholesterin 233 mg; 2640 kJ (630 cal)

Frühlingsrollen

Vorbereitungszeit: 50 Min.
Garzeit: 30 Min.
Ergibt 40 Stück

50 g Glasnudeln
1 EL Öl
2 große Knoblauchzehen,
  zerdrückt
6 Frühlingszwiebeln, fein
  gehackt
3 TL fein gehackter, frischer
  Ingwer
400 g Hühnerhack
1 EL fein gehackte, frische
  Korianderwurzel
2 EL fein gehackte, frische
  Korianderblätter
1 EL fein gehackte vietnamesische Minze
125 g Möhre, geraspelt
1 EL Fischsauce
2 EL süße Chilisauce
3 EL Sojasauce
40 kleine Frühlingsrollen-Teigblätter
Öl zum Frittieren
süße Chilisauce, extra

1 Nudeln 3–4 Min. in kochendem Wasser einweichen. Abtropfen lassen und in 4 cm lange Stücke schneiden.
2 Öl in einem großen Topf erhitzen. Knoblauch, Frühlingszwiebeln und Ingwer bei mittlerer Hitze darin in 1–2 Min. weich dünsten. Hühnerhack hinzufügen und 3–4 Min. unter Rühren braten bis er gar ist. Dabei sich bildende Klumpen zerdrücken. Nudeln, Korianderwurzel und -blätter, Minze und Möhre zugeben und 1 Min. garen. Fisch-, süße Chili- und Sojasauce dazugießen und 2 Min. kochen bis die Flüssigkeit verdampft ist. Abkühlen lassen.
3 Je 1 EL der Fülle in die Mitte eines Teigblattes geben. Die Ränder mit Wasser einpinseln und die Teighülle einrollen, dabei die seitlichen Ränder zuvor einschlagen. Mit einem Küchentuch zudecken.
4 Einen hohen Topf mit schwerem Boden zu einem Drittel mit Öl füllen und auf 190 °C erhitzen. Die vorbereiteten Frühlingsrollen portionsweise in mehreren Gängen in 30–60 Sek. goldbraun frittieren. Auf Küchenpapier abtropfen lassen und mit süßer Chilisauce servieren.

Nährwert pro Röllchen:
Fett 1,7 g; Eiweiß 2,5 g; Kohlenhydrate 6 g; Ballaststoffe 0,5 g; Cholesterin 9 mg; 200 kJ (50 cal)

Knusprige Ente mit Hokkien-
  Nudeln (oben) und
  Frühlingsrollen

NUDELSUPPE MIT KRABBENFLEISCH UND EISTICH

Vorbereitungszeit: 15 Min.
Garzeit: 15 Min.
Für 4 Personen

75 g getrocknete, dünne Eier-
    nudeln
1 EL Erdnussöl
1 TL fein gehackter, frischer
    Ingwer
3 Frühlingszwiebeln, in dünne
    Scheiben geschnitten
    (weißer und grüner Teil
    getrennt)
1,25 l Hühnerbrühe
80 ml Mirin
250 g Maiskölbchen, diagonal
    in 1 cm dicke Scheiben
    geschnitten
175 g gegartes Krabbenfleisch
1 EL Speisestärke, mit 1 EL
    Wasser angerührt
2 Eier, gut verquirlt
2 TL Limettensaft
1 EL Sojasauce
1 1/2 EL gezupfte, frische
    Korianderblätter

1 Nudeln in 3 Min. in kochendem und gesalzenem
Wasser bissfest kochen. Abgießen und unter fließend
kaltem Wasser abspülen.
Abtropfen lassen.
2 Öl in einem großen Topf
mit schwerem Boden erhit-
zen. Ingwer und Frühlingszwiebeln (weißer Teil)
hinzufügen und bei mittlerer

_____

Nudelsuppe mit Krabben-
fleisch und Eistich (oben) und
Nudelsalat mit Hühnerfleisch
und Cashewkernen

Hitze 1–2 Min. dünsten.
Brühe, Mirin und Maiskölbchen dazugießen und zum
Kochen bringen. 5 Min. köcheln lassen. Nudeln, Krabbenfleisch und angerührte
Stärke hinzufügen. Die Suppe erneut zum Kochen bringen und unter Rühren eindicken lassen. Die Eier bei
niedriger Hitze unter ständigem Rühren hineinlaufen
lassen, dabei die Suppe nicht
mehr kochen lassen.
3 Nudeln auf 4 Portionsschüsseln aufteilen und die
Suppe darüber schöpfen. Mit
übrigen Frühlingszwiebeln
und Koriander garnieren.

NÄHRWERT PRO PORTION:
Fett 9 g; Eiweiß 18 g; Kohlenhydrate 31 g; Ballaststoffe 2,5 g; Cholesterin 130 mg; 1160 kJ (275 cal)

NUDELSALAT MIT HÜHNERFLEISCH UND CASHEWKERNEN

Vorbereitungszeit: 20 Min. +
    2 Std. Marinieren
Garzeit: 20 Min.
Für 4 Personen

2 Knoblauchzehen, geschält
60 ml Fischsauce
60 ml Limettensaft
2 TL Chilipaste
2 EL brauner Zucker
60 g frische Korianderblätter
150 g ungesalzene, geröstete
    Cashewkerne, gehackt
3 EL Pflanzenöl
650 g Hühnerbrustfilets (oder
    Oberschenkel)
375 g Reisbandnudeln
200 g Tomaten, gewürfelt

2 EL frische Korianderblätter,
    extra
1 Knoblauch, Fischsauce,
    Limettensaft, Chilipaste,
    braunen Zucker, Koriander
    und die Hälfte der Cashew-
    nüsse in eine Küchenmaschi-
    ne geben und glatt mixen.
    Öl bei langsamer Geschwin-
    digkeit hineinlaufen lassen
    und gut unterarbeiten.
2 Hühnerfleisch in eine
Schüssel geben und mit
125 ml der Marinade
würzen. Zugedeckt im
Kühlschrank etwa 2 Std.
marinieren.
3 Eine beschichtete Pfanne
erhitzen. Das Hühnerfleisch
von jeder Seite 5–6 Min. anbraten bis es durch ist.
5 Min. stehen lassen, dann in
Streifen schneiden.
4 Die Nudeln in kochendem, gesalzenem Wasser in
3–5 Min. bissfest kochen,
abgießen, unter fließend
kaltem Wasser abspülen und
abtropfen lassen. Mit den
Tomaten und der übrigen
Marinade anmachen.
5 Die Nudeln auf eine
große Servierplatte oder
einzelne Teller geben. Mit
den Hühnerfleischstreifen
und den übrigen Cashew-
kernen garnieren und heiß
servieren.

NÄHRWERT PRO PORTION:
Fett 42,5 g; Eiweiß 48 g; Kohlenhydrate 80 g; Ballaststoffe 4,5 g;
Cholesterin 112 mg;
3750 kJ (895 cal)

SCHWEINEFLEISCH-NUDEL-BÄLLCHEN MIT SÜßER CHILISAUCE

Vorbereitungszeit: 30 Min.
Garzeit: 20 Min.
Ergibt 30 Stück

Dippsauce
80 ml süße Chilisauce
2 TL Mirin
2 TL fein gehackter, frischer
  Ingwer
125 ml japanische Sojasauce

250 g Hokkien-Nudeln
300 g Schweinehack
6 Frühlingszwiebeln, fein
  gehackt
2 Knoblauchzehen, zerdrückt
20 g fein gehackte, frische
  Korianderblätter
1 EL Fischsauce
2 EL Austernsauce
1 1/2 EL Limettensaft
Erdnussöl zum Frittieren

1 Für die Dippsauce süße Chilisauce, Mirin, Ingwer, und japanische Sojasauce in einer Schüssel miteinander verrühren.
2 Die Nudeln in eine Schüssel geben und mit kochendem Wasser bedecken. 1 Min. einweichen bis sie bissfest sind. Abgießen, gründlich abtropfen lassen und mit Küchenpapier trocken tupfen. Die Nudeln in 5 cm lange Stücke schneiden und in eine große Schüssel geben. Schweinehack, Frühlingszwiebeln, Knoblauch, Korianderblätter, Fisch- und Austernsauce und Limettensaft zugeben und alle Zuta-

ten mit den Händen gründlich miteinander vermischen. Dabei darauf achten, dass das Fleisch gleichmäßig zwischen den Nudelstücken verteilt ist.
3 Aus je 1 EL Masse ein Bällchen formen, insgesamt 30 Schweinefleisch-Nudel-Bällchen herstellen. Jedes Bällchen zwischen den Handflächen leicht pressen, damit alle Bällchen fest werden und beim Frittieren nicht auseinander fallen.
4 Einen Wok oder einen hohen Topf mit schwerem Boden zu einem Drittel mit Öl füllen und auf 175 °C erhitzen. Die Bällchen portionsweise in mehreren Gängen in 2–3 Min. goldgelb frittieren. Mit einem Sieb oder einem Schaumlöffel herausnehmen und auf Küchenkrepp abtropfen lassen. Heiß mit der Dippsauce servieren.

NÄHRWERT PRO BÄLLCHEN:
Fett 2 g; Eiweiß 3 g; Kohlenhydrate 5,5 g; Ballaststoffe 0,5 g; Cholesterin 7 mg; 230 kJ (55 cal)

Hinweis: Man kann die Schweinefleisch-Nudel-Bällchen auch gut im Voraus zubereiten und in einem luftdicht schließenden Behälter bis zu 3 Monate einfrieren. Anschließend bäckt man sie vor dem Gebrauch im Ofen auf. Dazu die Bällchen über Nacht im Kühlschrank auftauen und dann in einem auf 200 °C (Gas: Stufe 4) vorgeheizten Ofen in etwa 10 Minuten knusprig und

innen heiß backen.
Aufbewahrung: Die Dippsauce kann in einem luftdicht schließenden Behälter bis zu einer Woche im Kühlschrank aufbewahrt werden. Es empfiehlt sich, diese Sauce im Voraus zuzubereiten, damit die Aromen Zeit genug haben, sich voll zu entfalten.
Abwandlung: Man kann die Bällchen auch mit Erdnuss-Satay-Sauce servieren. Dazu 160 g ungesalzene, geröstete Erdnüsse in eine Küchenmaschine geben und fein hacken. 2 EL Öl in einem Topf erhitzen, 1 gehackte Zwiebel zugeben und in 5 Min. bei mittlerer Hitze weich dünsten. 2 zerdrückte Knoblauchzehen, 2 TL fein gehackten, frischen Ingwer, 1/2 TL Chilipulver und 1 TL gemahlenen Kumin zugeben und unter Rühren 2 Min. garen. 400 ml Kokosmilch dazugießen, 3 EL braunen Zucker und die gehackten Erdnüsse zugeben. Die Hitze reduzieren und die Sauce 5 Min. köcheln lassen bis sie eindickt. 1 EL Zitronensaft zugeben und nach Geschmack mit Salz und Pfeffer würzen. Für eine noch glattere Sauce die Saucenzutaten in der Küchenmaschine 30 Sek. pürieren.

Schweinefleisch-Nudel-Bällchen mit süßer Chilisauce

GEDÄMPFTE GARNELEN-REISNUDEL-RÖLLCHEN

Vorbereitungszeit: 20 Min. +
15 Min. Einweichen
Garzeit: 5 Min.
Ergibt 12 Stück

Dippsauce
2 EL helle Sojasauce
3 EL Reisweinessig

3 getrocknete Shiitake-Pilze
350 g rohe Garnelen, geschält
u. der Darm entfernt
4 Frühlingszwiebeln, gehackt
60 g Zuckerschoten, gehackt
2 TL fein gehackter, frischer
Ingwer
2 Knoblauchzehen, zerdrückt
4 EL gehackte, frische Korianderblätter
100 g Wasserkastanien, gehackt
1 TL Sesamöl
1 EL helle Sojasauce
1Prise Salz
1 Eiweiß
1 TL Speisestärke
300 g frische Reisnudelblätter

1 Für die Dippsauce Sojasauce und Reisweinessig
verrühren.
2 Shiitake-Pilze mit heißem
Wasser bedecken und
15 Min. einweichen. Stiele
entfernen und die Kappen
fein hacken.
3 Garnelen in einer Küchenmaschine hacken. Pilze,
Frühlingszwiebeln, Zuckerschoten, Ingwer, Knoblauch,
Koriander, Wasserkastanien,

Gedämpfte Garnelen-
Reisnudel-Röllchen (oben) und
Nudelsuppe mit Tofu und
asiatischen Pilzen

Sesamöl, Sojasauce und
1 Prise Salz zugeben und
untermischen. Eiweiß und
Stärke zugeben und alle Zutaten in Schüben glatt mixen.
4 Ein großes Bambus-
Dämpfkörbchen mit Backpa-
pier auslegen und in einen
Wok mit kochendem Wasser
stellen. Dabei darauf achten,
dass das Körbchen das Wasser nicht berührt. Die Reisnudelblätter ausbreiten und in
Vierecke mit 15 cm Seitenlänge schneiden. 60 g Fülle
auf jede Reisnudelhülle geben, die seitlichen Ränder
einschlagen und das Teigblatt
fest einrollen. Die Röllchen
zugedeckt 5 Min. dämpfen.
Die fertigen Röllchen diagonal in der Mitte durchschnei-
den und mit der Sauce
servieren.

NÄHRWERT PRO RÖLLCHEN:
Fett 1 g; Eiweiß 8 g; Kohlenhydrate
12 g; Ballaststoffe 1 g; Cholesterin
43,5 mg; 375 kJ (90 cal)

NUDELSUPPE MIT TOFU UND ASIATISCHEN PILZEN

Vorbereitungszeit: 20 Min.
Garzeit: 15 Min.
Für 4 Personen

2 getrocknete chinesische Pilze
10 g getrocknete Wolkenohren
1 EL Pflanzenöl
6 Frühlingszwiebeln, diagonal
in dicke Stücke geschnitten
1 frischer roter Chili, entkernt
und fein gehackt
60 g Austernpilze, in Stücke
geschnitten
60 g braune Champignons, in

Scheiben geschnitten
1 1/2 EL Dashi-Granulat
3 EL helle Sojasauce
1 1/2 EL Mirin
125 g getrocknete
Weizennudeln
200 g Wasserspinat, in 4 cm
große Stücke geteilt
300 g fester Tofu, in 2 cm
große Würfel geschnitten
2 EL frische ganze Korianderblätter

1 Die chinesischen Pilze
10 Min. in 250 ml heißem
Wasser einweichen. Gut aus-
pressen und die Einweichflüssigkeit aufbewahren. Die
Stiele entfernen und die Kappen fein hacken. Wolkenohren ebenfalls 10 Min. in heißem Wasser einweichen und
abtropfen lassen.
2 Öl in einem großen Topf
oder Wok erhitzen und die
abgetropften Pilze darin
zusammen mit Frühlings-
zwiebeln und Chili bei großer Hitze 1 Min. pfannen-
rühren. Austernpilze und
braune Champignons zuge-
ben und 2 Min. garen.
3 Dashi, Sojasauce, Mirin,
Einweichflüssigkeit und 1,5 l
Wasser dazugießen. Zum
Kochen bringen und die
Nudeln hinzufügen. Bei
mittlerer Hitze in 5 Min.
bissfest kochen.
4 Wasserspinat zufügen und
die Suppe 2 weitere Min. kochen. Tofu und Koriander zugeben und servieren.

NÄHRWERT PRO PORTION:
Fett 10,5 g; Eiweiß 17 g; Kohlenhy-
drate 26 g; Ballaststoffe 5,5 g;
Cholesterin 0 mg; 1105 kJ (265 cal)

Singapur-Nudeln

Vorbereitungszeit: 20 Min.
Garzeit: 10 Min.
Für 4 Personen

375 g dünne, frische Eiernudeln
10 g getrocknete chinesische
  Pilze
2 1/2 TL Zucker
1 1/2 EL Sojasauce
2 EL chinesischer Reisweinessig
1 1/2 EL Madras-Currypulver
150 ml Kokosmilch
125 ml Geflügelbrühe
2 Eier
1 EL Sesamöl
3 EL Pflanzenöl
2 Knoblauchzehen, fein
  gehackt
1 EL fein gehackter, frischer
  Ingwer
2 kleine rote Chillies, entkernt
  und fein gehackt
3 Frühlingszwiebeln, in
  Scheiben geschnitten
300 g kleine, rohe Garnelen,
  geschält, ohne Darm und
  halbiert
150 g auf chinesische Art
  mariniertes und gebratenes
  Schweinefleisch, in dünne
  Streifen geschnitten
120 g tiefgekühlte Erbsen
frischer Koriander, als
  Garnitur

1 Nudeln in kochendem
und gesalzenem Wasser
1 Min. kochen, abgießen
und unter fließend kaltem
Wasser abspülen.
2 Pilze 10 Min. in 125 ml
heißem Wasser einweichen.
Abtropfen lassen und die
Einweichflüssigkeit aufbe-

wahren. Die Stiele entfernen
und die Kappen in kleine
Stücke schneiden. Die
Einweichflüssigkeit mit Zucker, Sojasauce, Reiswein,
Currypulver, Kokosmilch
und Brühe verrühren.
3 Eier mit dem Sesamöl
gründlich verquirlen.
4 Einen Wok erhitzen und
2 EL Öl dazugießen. Knob-
lauch, Ingwer, Chili und
Pilze 30 Sek. darin pfannenrühren. Frühlingszwiebeln,
Garnelen, Schweinefleisch,
Erbsen und Nudeln zuge-
ben. Einweichflüssigkeit dazugießen. Eier-Mischung in
einem dünnen Strahl unter
Rühren in die heiße Flüssigkeit laufen lasen und diese
erneut zum Kochen bringen.
In tiefen Portionsschüsseln
mit Korianderblättern garniert servieren.

NÄHRWERT PRO PORTION:
Fett 34,5 g; Eiweiß 43 g; Kohlenhydrate 58 g; Ballaststoffe 5,5 g;
Cholesterin 251 mg
3010 kJ (720 cal)

Pfannengerührte Udon-Nudeln

Vorbereitungszeit: 15 Min.
Garzeit: 10 Min.
Für 4 Personen

1 EL weißes Miso
1 EL japanische Sojasauce
2 EL Sake
1/2 TL Zucker
400 g frische Udon-Nudeln
1 EL Erdnussöl
5 Frühlingszwiebeln, in 5 cm
  lange Stücke geschnitten

1 rote Paprika, in dünne
  Streifen geschnitten
100 g frische Shiitake-Pilze, in
  Scheiben geschnitten
150 g Zuckerschoten, längs in
  Streifen geschnitten

1 Miso mit der Sojasauce
zu einer glatten Paste rühren.
2 Nudeln in einem großen
Topf mit kochendem und
gesalzenem Wasser in
1–2 Min. bissfest kochen.
Abgießen und unter fließend
kaltem Wasser abschrecken.
Gut abtropfen lassen.
3 Öl in einem Wok oder
einer großen Pfanne stark
erhitzen und den Wok damit
ausschwenken. Frühlings-
zwiebeln und Paprika zugeben und 1–2 Min. pfannen-
rühren. Pilze und Zucker-
schoten zugeben und
2–3 Min. pfannenrühren bis
das Gemüse weich ist.
4 Nudeln und Misopaste
zugeben und gut mit den
übrigen Zutaten vermischen.
Sofort servieren.

NÄHRWERT PRO PORTION:
Fett 5,5 g; Eiweiß 8 g; Kohlenhy-
drate 34 g; Ballaststoffe 4 g;
Cholesterin 0 mg; 925 kJ (220 cal)

Hinweis: Sind frische Shiitake-Pilze nicht erhältlich,
kann man sie durch braune
Champignons oder Austern-
pilze ersetzen.

Singapur-Nudeln (oben) und
Pfannengerührte Udon-
Nudeln mit Miso-Dressing

KRABBEN-NUDEL-AUFLAUF MIT SCHWARZER BOHNENSAUCE

Vorbereitungszeit: 25 Min.

Garzeit: 20 Min.

Für 4 Personen

125 g dünne Eiernudeln
3 EL schwarze Bohnensauce
125 ml Hühnerbrühe
1 TL Speisestärke
2 EL Erdnussöl
2 Knoblauchzehen, zerdrückt
1 EL fein gehackter, frischer
   Ingwer
4 Frühlingszwiebeln, diagonal
   geschnitten
1 kleine Möhre, in dünne
   Streifen geschnitten
1/2 rote Paprika, in Streifen
   geschnitten
300 g weißes Krabbenfleisch
   (von Taschenkrebsen) aus
   der Dose
90 g Bohnensprossen
10 Eier
Salz u. Pfeffer aus der Mühle
15 g frische Korianderblätter
frische Korianderblätter, als
   Garnitur

1 Nudeln in einem Topf
mit kochendem, gesalzenem
Wasser 1 Min. kochen bis sie
sich trennen und bissfest
sind. Abgießen und unter
fließend kaltem Wasser
abschrecken.

2 Schwarze Bohnensauce
und Hühnerbrühe in einen
Topf geben und bei mittlerer
Hitze 6–8 Min. kochen bis
die Flüssigkeit auf etwa die

Krabben-Nudelauflauf mit
schwarzer Bohnensauce

Hälfte eingekocht ist. Die
Stärke mit 1 EL Wasser an-
rühren und unter die Sauce
rühren. Unter Rühren eindicken und beiseite stellen.

3 1 EL Erdnussöl in einer
Pfanne erhitzen. Knoblauch
und Ingwer zugeben und bei
mittlerer Hitze 30 Sek. garen. Frühlingszwiebeln,
Möhre und Paprika zugeben
und 2–3 Min. garen. Vom
Herd nehmen und das zer-
pflückte Krabbenfleisch,
Bohnensprossen und Nu-
deln unterrühren.

4 Die Eier in einer Schüssel
verquirlen und mit Salz und
Pfeffer aus der Mühle würzen. Das Krabbenfleisch mit
den Gemüsen untermengen,
dann die Korianderblätter
untermischen.

5 Übriges Öl in einer beschichteten Pfanne mit
hohem Rand (23 cm
Durchmesser) erhitzen. Die
Eier-Gemüsemischung
hineingießen, die Hitze stark
reduzieren und den Auflauf
zugedeckt bei sehr niedriger
Hitze etwa 10 Min. backen
bis die Eier vollständig
gestockt sind und der
Auflauf sich von den Seiten
der Pfanne zu lösen beginnt.
Gelegentlich nachsehen, ob
der Auflauf am Pfannen-
boden ansetzt.

6 Den Auflauf unter die vor-
geheizte Grillstufe des Ofens
geben und die Oberfläche
gut bräunen. Der fertige
Auflauf sollte so fest wie ein
Kuchen sein. Auf eine große
Servierplatte stürzen und in
Stücke aufschneiden.

7 Schwarze Bohnensauce

in einem kleinen Topf unter
häufigem Rühren erhitzen.
Die Sauce über die warmen
Auflaufstücke löffeln und mit
frischen Korianderblättern
garnieren.

NÄHRWERT PRO PORTION:
Fett 22,5 g; Eiweiß 31 g; Kohlenhydrate 24 g; Ballaststoffe 3 g;
Cholesterin 517,5 mg;
1760 kJ (420 cal)

Hinweis: Anstelle des Krab-
benfleisches aus der Dose
kann man auch frisches nehmen. Dabei darauf achten,
dass sich keine Schalenstücke
unter dem Fleisch befinden
und überschüssige Flüssigkeit herausdrücken. Für etwa
300 g weißes Krabbenfleisch
kocht man einen großen
oder zwei kleinere Taschen-
krebse in kochendem,
gesalzenem Wasser gar,
bricht die Schalen mit einer
Zange oder einem großen
Messer auf und löst das
Fleisch aus den Scheren und
dem Körper heraus. Die
Innereien wegwerfen.

SOBA-NUDELSALAT MIT KRABBENFLEISCH UND SPINAT

Vorbereitungszeit: 15 Min.

Garzeit: 5 Min.

Für 4 Personen

60 ml japanischer Reisweinessig
125 ml Mirin
2 EL Sojasauce
1 TL fein gehackter, frischer Ingwer
400 g Spinat
250 g frisch gekochtes Krabbenfleisch (von Taschenkrebsen)
250 g Soba-Nudeln
2 TL Sesamöl
2 Frühlingszwiebeln, fein gehackt
1 Nori-Blatt, in streichholzgroße Streifen geschnitten

1 Reisweinessig, Mirin, Sojasauce und Ingwer in einer Schüssel verrühren.
2 Gesalzenes Wasser in einem großen Topf zum Kochen bringen und den Spinat darin 15–20 Sek. blanchieren. Mit einem Schaumlöffel herausnehmen (die Kochflüssigkeit aufbewahren) und in Eiswasser etwa 30 Sek. abschrecken. Abgießen und überschüssige Flüssigkeit herauspressen. Grob hacken und mit dem zerpflückten Krabbenfleisch und 2 EL der Reisessigsauce vermischen.
3 Das Wasser im Topf erneut zum Kochen bringen und die Nudeln darin in 5 Min. bissfest kochen. Abgießen und unter fließend

kaltem Wasser abschrecken. Gut abtropfen lassen und mit Sesamöl, Frühlingszwiebeln und der übrigen Sauce anmachen. Die Nudeln auf 4 Portionsschüsseln verteilen, mit der Spinat-Krabbenfleisch–Mischung garnieren und die Nori-Streifen darüber streuen.

NÄHRWERT PRO PORTION:
Fett 3,5 g; Eiweiß 20 g; Kohlenhydrate 49 g; Ballaststoffe 4,5 g; Cholesterin 52,5 mg; 1245 kJ (295 cal)

LAMM MIT HOKKIEN-NUDELN UND SAURER SAUCE

Vorbereitungszeit: 25 Min.

Garzeit: 15 Min.

Für 4–6 Personen

450 g Hokkien-Nudeln
2 EL Pflanzenöl
375 g Lammfleisch (Rücken o. Keule), gegen die Faser in dünne Scheiben geschnitten
75 g rote asiatische Schalotten, geschält und in dünne Scheiben geschnitten
3 Knoblauchzehen, zerdrückt
2 TL fein gehackter, frischer Ingwer
1 kleiner roter Chili, entkernt und fein gehackt
1 1/2 EL rote Currypaste
125 g Zuckerschoten, geputzt und diagonal halbiert
1 kleine Möhre, in dünne Streifen geschnitten
125 ml Hühnerbrühe
15 g Palmzucker, gerieben
1 EL Limettensaft
kleine, ganze Basilikumblätter,

als Garnitur
1 Die Nudeln mit kochendem Wasser bedecken und 1 Min. einweichen. Abtropfen lassen und beiseite stellen.
2 1 EL Öl in einem Wok erhitzen und diesen damit ausschwenken. Das Lammfleisch portionsweise in mehreren Gängen darin bei starker Hitze 2–3 Min. pfannenrühren und leicht bräunen. Auf einen Teller geben und beiseite stellen.
3 Übriges Öl zugeben und Schalotten, Knoblauch, Ingwer und Chili darin 1–2 Min. pfannenrühren. Currypaste zugeben und 1 Min. garen. Zuckerschoten, Möhre und Lammfleisch zugeben und alle Zutaten gründlich vermengen. Weitere 1–2 Min. pfannenrühren.
4 Brühe, Palmzucker und Limettensaft zugeben und unterrühren. 2–3 Min. kochen, dann die Nudeln zugeben und 1 Min. kochen bis sie vollständig erhitzt sind. Das Gericht auf Portionsschüsseln aufteilen und mit Basilikumblättern garnieren.

NÄHRWERT PRO PORTION (6):
Fett 11 g; Eiweiß 22 g; Kohlenhydrate 44 g; Ballaststoffe 3 g; Cholesterin 51 mg; 1540 kJ (365 cal)

Soba-Nudelsalat mit Krabbenfleisch und Spinat (oben) und Lamm mit Hokkien-Nudeln und saurer Sauce

HÜHNERFLEISCH-KÜRBIS-LAKSA

Vorbereitungszeit: 10 Min. +
20 Min. Einweichen
Garzeit: 35 Min.
Für 4 Personen

Paste
2 Vogelaugen-Chillies,
   entkernt und grob gehackt
2 Stiele Zitronengras (nur der
   weiße Teil), grob gehackt
4 rote asiatische Schalotten,
   geschält
1 EL grob gehackter, frischer
   Ingwer
1 TL gemahlene Kurkuma
3 Kemiri-Nüsse, nach Belieben

110 g getrocknete Reis-
   bandnudeln
1 EL Erdnussöl
250 g Gartenkürbis, in 2 cm
   große Stücke geschnitten
800 ml Kokosmilch
600 g Hühnerbrustfilets,
   gewürfelt
2 EL Limettensaft
1 EL Fischsauce
90 g Bohnensprossen
15 g zerpflückte, frische
   Basilikumblätter
10 g zerpflückte, frische Minze
50 g ungesalzene Erdnüsse,
   geröstet und gehackt
1 Limette, längs geviertelt

1 Alle Zutaten für die Paste
in eine Küchenmaschine geben und mit 1 EL Wasser zu
einer glatten Paste mixen.

Hühnerfleisch-Kürbis-Laksa
(oben) und Buchweizennudeln
mit süßsaurer Paprika

2 Nudeln 15–20 Min. in
kochendem Wasser einwei-
chen.
3 Öl in einem Wok erhitzen und diesen damit aus-
schwenken. Die Paste zugeben und bei niedriger Hitze
5 Min. pfannenrühren. Kür-
bis und Kokosmilch hinzufügen und 10 Min. köcheln lassen. Hühnerfleisch zugeben
und 20 Min. köcheln lassen.
Limettensaft und Fischsauce
unterrühren.
4 Die Nudeln auf 4
Portionsschüsseln verteilen
und die Suppe darüber
schöpfen. Mit
Bohnensprossen, Basilikum,
Minze, Erdnüssen und Li-
mettenspalten garnieren.

Nährwert pro Portion:
Fett 60 g; Eiweiß 43 g; Kohlenhydrate 34 g; Ballaststoffe 7 g;
Cholesterin 103,5 mg;
3505 kJ (835 cal)

BUCHWEIZENNUDELN MIT SÜSSSAURER PAPRIKA

Vorbereitungszeit: 20 Min.
Garzeit: 15 Min.
Für 4 Personen

3 rote, grüne und gelbe
   Paprika
2 EL Pflanzenöl
5 TL Sesamöl
2 Stück Sternanis
60 ml Rotweinessig
1 EL Fischsauce
125 g Zucker
300 g Buchweizennudeln
1/2 TL Balsamessig
1/2 TL Zucker, extra
1/2 TL Salz

2 Frühlingszwiebeln, in dünne
   Scheiben geschnitten
2 EL Sesamsamen, leicht
   geröstet

1 Die Paprikas in dünne
Streifen schneiden. Öl und
1 TL Sesamöl in einem Topf
erhitzen. Sternanis darin
1 Min. garen. Paprikastreifen
hinzufügen und 2 Min.
pfannenrühren. Die Hitze
reduzieren und das Gemüse
zugedeckt unter gelegent-
lichem Rühren etwa 5 Min.
bei niedriger Hitze dünsten.
Die Hitze etwas erhöhen
und den Essig, Fischsauce
und Zucker zugeben und
rühren bis sich der Zucker
aufgelöst hat. 2 Min. kochen,
anschließend das Paprikage-
müse vom Herd nehmen
und beiseite stellen.
2 Nudeln in kochendem
und gesalzenem Wasser in
5 Min. bissfest kochen.
Abgießen und kalt abspülen.
3 Balsamessig, übriges Sesamöl, 1 EL Zucker und
1/2 TL Salz vermischen,
über die Nudeln gießen und
diese damit anmachen. Die
Nudeln mit dem Paprikage-
müse und Frühlingszwiebeln
mischen. Mit Sesamsamen
bestreuen und servieren.

Nährwert pro Portion:
Fett 17,5 g; Eiweiß 13 g; Kohlenhydrate 91 g; Ballaststoffe 2 g;
Cholesterin 0 mg;
2280 kJ (545 cal)

RINDFLEISCH-PHO

Vorbereitungszeit: 15 Min. +
15 Min. Einweichen
Garzeit: 35 Min.
Für 4 Personen

200 g Reis-Bandnudeln
1,5 l Rinderbrühe
1 Stück Sternanis
4 cm frischer Ingwer, in
  dünnen Scheiben
2 Schweinefüße, vom Metzger
  längs halbiert
1/2 Zwiebel, mit 2 Nelken
  gespickt
2 Stiele Zitronengras, leicht
  zerdrückt
2 Knoblauchzehen, leicht
  zerdrückt
1/4 TL weißer Pfeffer
1 EL Fischsauce
400 g Rinderfilet, halb
  gefroren, in sehr dünnen
  Scheiben
90 g Bohnensprossen
2 Frühlingszwiebeln, diagonal
  in dünnen Scheiben
25 g frische Korianderblätter,
  gehackt
25 g frische vietnamesische
  Minze, gehackt
1 frischer roter Chili, in dünne
  Ringe geschnitten
frische rote Chillies extra, als
  Beilage
frische vietnamesische Minze
  extra, als Beilage
frische Korianderblätter extra,
  als Beilage
2 Limetten, längs geviertelt
Fischsauce extra

1 Nudeln 15–20 Min. in
kochendem Wasser einwei-
chen und abtropfen lassen.

2 Brühe, Sternanis, Ingwer,
Schweinefüße, Zwiebel, Zitronengras, Knoblauch und
weißen Pfeffer in einem großen Topf zum Kochen brin-
gen. Hitze reduzieren, die
Brühe 30 Min. köcheln lassen, dann die Fischsauce
unterrühren.

3 Die Nudeln auf 4 Portionsschüsseln aufteilen,
dann Rindfleisch, Sprossen,
Frühlingszwiebeln, Koriander, Minze und Chili darüber geben. Die Brühe
darüber schöpfen.

4 Die als Beilage gedachten
Chillies, Minze, Koriander,
Limettenspalten und Fischsauce in kleinen Schälchen
auf einer Servierplatte zusammen mit dem Rind-
fleisch-Pho servieren.

NÄHRWERT PRO PORTION:
Fett 12 g; Eiweiß 43 g; Kohlenhydrate 37 g; Ballaststoffe 3 g;
Cholesterin 98,5 mg;
1780 kJ (425 cal)

RAMEN-NUDELSUPPE
MIT GEBRATENEM
SCHWEINEFLEISCH UND
GEMÜSEN

Vorbereitungszeit: 15 Min.
Garzeit: 10 Min.
Für 4 Personen

15 g getrocknete Shiitake-Pilze
350 g chinesischer Brokkoli,
  geputzt und in 4 cm langen
  Stücken
375 g frische Ramen-Nudeln
1,5 l Hühnerbrühe
3 EL Sojasauce
1 TL Zucker
350 g auf chinesische Art

mariniertes u. gebratenes
Schweinefleisch, in dünnen
Scheiben
1 kleiner roter Chili, entkernt
und in dünnen Streifen

1 Pilze in 125 ml heißem
Wasser 15 Min. einweichen.
Herausnehmen, gut auspres-
sen (Einweichflüssigkeit aufbewahren), die Stiele entfernen und die Kappen in
dünne Scheiben schneiden.
2 Brokkoli in 3 Min. in kochendem, gesalzenem Was-
ser bissfest kochen. In
Eiswasser abschrecken.
3 Nudeln in einem großen
Topf mit kochendem und gesalzenem Wasser in 3 Min.
bissfest kochen. Abgießen,
unter fließend kaltem Wasser
abschrecken, abtropfen lassen und beiseite stellen.
4 Brühe in einem großen
Topf zum Kochen bringen.
Geschnittene Pilze, Ein-
weichflüssigkeit, Sojasauce
und Zucker zugeben. 2 Min.
köcheln lassen, dann den
Brokkoli zugeben.
5 Nudeln auf 4 große Portionsschüsseln verteilen.
Brühe und Gemüse darüber
schöpfen. Mit Schweine-
fleisch und Chili garnieren
und heiß servieren.

NÄHRWERT PRO PORTION:
Fett 6 g; Eiweiß 37 g; Kohlenhydrate 28 g; Ballaststoffe 5 g;
Cholesterin 78 mg;
1330 kJ (320 cal)

Rindfleisch-Pho (oben) und
Ramen-Nudelsuppe mit
gebratenem Schweinefleisch
und Gemüsen

NUDELPLÄTZCHEN MIT AUBERGINEN, SESAM UND ENTE

Vorbereitungszeit: 30 Min. +
30 Min. Ruhen
Garzeit: 20 Min.

Für 4 Personen

1 Aubergine
1 auf chinesische Art marinierte und gebratene Ente
1 Ei, verquirlt
1 TL Fischsauce
150 g Sesamsamen
Pflanzenöl zum Frittieren
500 g frische Reisnudeln
(1/2 cm breit)
3 EL fein geschnittene Frühlingszwiebeln
1/2 TL Sesamöl
1 1/2 EL Pflanzenöl extra
1 kleiner roter Chili
2 EL fein gehackter Knoblauch
1 EL fein geschnittener, frischer Ingwer
1 rote Paprika, in 1 cm große Würfel geschnitten
12 frische Basilikumblätter, grob zerpflückt
2 1/2 EL Hoisin-Sauce
2 TL helle Sojasauce
1 EL Reiswein

1 Aubergine in 8 ca. 1/2 cm dicke, runde Scheiben schneiden und in einen Durchschlag über einem Teller legen. Salzen, vermengen und 30 Min. Wasser ziehen lassen. Die Haut von der gebratenen Ente abziehen und wegwerfen. Das Fleisch ablösen und in 1 x 3 cm große Stücke schneiden. Die

Nudelplätzchen mit Auberginen, Sesam und Ente

Auberginenstücke unter fließend kaltem Wasser abspülen und mit einem Küchentuch trocken tupfen. Ei mit der Fischsauce verrühren. Jede Auberginenscheibe durch das Ei ziehen und anschließend in den Sesamsamen wenden. Die panierten Scheiben nebeneinander auf ein mit Backpapier ausgelegtes Backblech legen.
2 Einen hohen Topf mit schwerem Boden zu einem Drittel mit Öl füllen und auf 170 °C erhitzen. Die Auberginenscheiben darin goldbraun backen, dabei öfters wenden. Mit einem Schaumlöffel herausnehmen, auf Küchenpapier abtropfen lassen und warm stellen.
3 Reisnudeln mit Frühlingszwiebeln, Sesamöl und 1/2 TL Pflanzenöl in einer Schüssel gründlich vermischen. Die Nudeln in acht gleich große Portionen aufteilen. Eine große beschichtete Pfanne erhitzen. Gefettete, runde Ausstechformen aus Metall (8 cm Durchmesser) in die Pfanne setzen und jede mit einer Portion Nudeln füllen. Dabei die Nudeln fest herunterdrücken und die Nudelplätzchen bei mittlerer Hitze von jeder Seite 2–3 Min leicht bräunen. Vorsichtig herausnehmen und warm stellen. Insgesamt acht Nudelplätzchen braten.
4 Einen Wok erhitzen und das übrige Öl hineingießen. Chili, Knoblauch und Ingwer zugeben und bei mittlerer Hitze 1–2 Min. pfannenrühren. Paprika zugeben

und 2 Min. dünsten. Das Entenfleisch zugeben und gut untermischen. Hoisin-Sauce, Sojasauce und Reiswein unterrühren. Alle Zutaten gründlich miteinander vermengen und köcheln lassen bis die Sauce leicht eindickt.
5 Auf jeden Teller zwei Nudelplätzchen geben, 2 EL der Paprika-Entenfleisch-Mischung auf jedes Plätzchen löffeln und darauf eine Sesam-Auberginenscheibe setzen. Sofort servieren. Dazu passt ein knackiger asiatischer grüner Salat mit Blattsalaten, Frühlingszwiebeln, Mitsuba- und Korianderblättern und Bohnensprossen.

Nährwert pro Portion:
Fett 24 g; Eiweiß 15 g; Kohlenhydrate 16 g; Ballaststoffe 4 g;
Cholesterin 68 mg;
1416 kJ (340 cal)

SOMEN-NUDELSUPPE MIT FÜNF-GEWÜRZ-ENTE

Vorbereitungszeit: 10 Min.
Garzeit: 30 Min.
Für 4 Personen

4 kleine Entenbrüste mit Haut
Salz u. Pfeffer aus der Mühle
1 TL Fünf-Gewürz-Pulver
1 TL Erdnussöl
200 g getrocknete Somen-
  Nudeln

Sternanisbrühe
1 l Hühnerbrühe
3 Stücke Sternanis
5 Frühlingszwiebeln, gehackt
5 g gehackte, frische Korianderblätter

1 Ofen auf 200 °C (Gas: Stufe 4–5) vorheizen. Entenbrüste von überschüssigem Fett befreien und von beiden Seiten mit dem Gewürzpulver, Salz und Pfeffer bestreuen.
2 Öl in einer großen Pfanne erhitzen. Die Entenbrüste mit der Fettseite nach unten hineinlegen und bei starker Hitze in 2–3 Min. bräunen. Wenden und weitere 3 Min. braten. Herausnehmen und mit der Fettseite nach oben auf ein Backblech legen. Im Ofen weitere 8–10 Min. backen bis die Entenbrüste rosa sind.
3 Inzwischen Hühnerbrühe und Sternanis in einen kleinen Topf geben und zum Kochen bringen und bei niedriger Hitze 5 Min. köcheln lassen. Frühlingszwiebeln und Koriander zugeben und weitere 5 Min. köcheln

lassen. Die Brühe mit Salz und Pfeffer abschmecken.
4 Nudeln in einem Topf mit kochendem und gesalzenem Wasser in 2 Min. bissfest garen. Abgießen, gut abtropfen lassen und auf 4 Portionsschüsseln verteilen. Die Brühe darüber schöpfen und je eine in dünne Scheiben aufgeschnittene Entenbrust darauf legen. Sofort servieren.

Nährwert pro Portion:
Fett 9,5 g; Eiweiß 31 g; Kohlenhydrate 38 g; Ballaststoffe 2,5 g;
Cholesterin 138,5 mg;
1510 kJ (360 cal)

TERIYAKI-RINDFLEISCH MIT GEMÜSEN UND KNUSPRIGEN NUDELN

Vorbereitungszeit: 20 Min. +
  2 Std. Marinieren
Garzeit: 15 Min.
Für 4 Personen

450 g Rinderlende, in dünne
  Streifen geschnitten
100 ml Teriyaki-Marinade
Pflanzenöl zum Frittieren
100 g getrocknete dünne
  Reisnudeln
2 EL Erdnussöl
1 Zwiebel geschnitten
3 Knoblauchzehen, zerdrückt
1 frischer roter Chili, entkernt
  und fein gehackt
200 g Möhren, in dünne Streifen
  geschnitten
600 g Choisum, in 3 cm lange
  Stücke geschnitten
1 EL Limettensaft

1 Rindfleisch mit der Teri-

yaki-Marinade in einer Glasschüssel vermischen und
2 Std. marinieren.
2 Einen Wok zu einem Drittel mit Öl füllen und auf 190 °C erhitzen. Die Glasnudeln auseinander ziehen und portionsweise in mehreren Gängen kurz frittieren bis sie zischen und aufgehen. Herausnehmen und auf Küchenpapier gut abtropfen lassen. Das Öl in einen hitzefesten Behälter abgießen und abkühlen lassen.
3 1 EL Erdnussöl in einem Wok stark erhitzen. Das Rindfleisch portionsweise hinzufügen (die Marinade aufbewahren) und 1–2 Min. pfannenrühren. Herausnehmen und auf einen Teller geben. Übriges Öl erhitzen, Zwiebel zugeben und 3–4 Min. pfannenrühren. Knoblauch und Chili zugeben und 30 Sek. pfannenrühren. Möhre und Choisum zugeben und 3–4 Min. pfannenrühren bis das Gemüse gar ist.
4 Das Rindfleisch mit dem Limettensaft und der übrigen Marinade in den Wok geben und bei starker Hitze 3 Min. kochen. Die Nudeln hinzufügen, gut untermengen und das Gericht sofort servieren.

Nährwert pro Portion:
Fett 20 g; Eiweiß 35 g; Kohlenhydrate 23 g; Ballaststoffe 4,5 g;
Cholesterin 86,5 mg;
1720 kJ (410 cal)

Somen-Nudelsuppe mit Fünf-
Gewürz-Ente (oben) und Teriyaki-Rindfleisch mit Gemüse
und knusprigen Nudeln

SÜSSKARTOFFEL-NUDELSALAT

Vorbereitungszeit: 20 Min.
Garzeit: 35 Min.
Für 4–6 Personen

1,25 kg Süßkartoffeln, geschält
  und in 2 cm große Stücke
  geschnitten
Salz und Pfeffer aus der Mühle
2 EL Pflanzenöl
200 g geröstete, ungesalzene
  Cashewkerne
50 g fein gehackte, frische
  Korianderblätter
100-g-Pack. gebratene Nudeln

Dressing
3/4 TL rote Currypaste
90 ml Kokosmilch
2 EL Limettensaft
1 1/2 EL brauner Zucker
2 EL Pflanzenöl
4 Knoblauchzehen, fein
  gehackt
1 EL fein gehackter, frischer
  Ingwer

1 Ofen auf 200 °C
vorheizen (Gas: Stufe 4)
vorheizen. Süßkartoffeln in
einer Schüssel mit Salz und
Pfeffer würzen und dem Öl
anmachen. Auf ein Back-
blech geben und 30 Min.
backen bis sie weich sind.
Auf Küchenpapier abtropfen
lassen.
2 Für das Dressing Currypaste, Kokosmilch, Limettensaft und Zucker in einer Küchenmaschine glatt rühren.

Süßkartoffel-Nudelsalat (oben)
und Dashi-Brühe mit Soba-
Nudeln und Jakobsmuscheln

3 Öl in einer kleinen Pfanne erhitzen. Knoblauch und
Ingwer zugeben und bei
niedriger Hitze in 1–2 Min.
leicht bräunen. Zu dem
Dressing hinzufügen und
unterrühren.
4 Süßkartoffeln, Cashewkerne, Koriander, Dressing
und die Nudeln in einer großen Schüssel mit dem Dressing gründlich anmachen.
Sofort servieren.

Nährwert pro Portion (6):
Fett 29 g; Eiweiß 12 g; Kohlenhydrate 46 g; Ballaststoffe 6,5, g;
Cholesterin 5,5 mg;
2015 kJ (480 cal)

Hinweis: Die Zutaten erst
kurz vor dem Servieren mit
dem Dressing anmachen, damit die Nudeln nicht mat-
schig werden.

DASHI-BRÜHE MIT SOBA-NUDELN UND JAKOBS-MUSCHELN

Vorbereitungszeit: 10 Min.
Garzeit: 15 Min.
Für 4 Personen

250 g Soba-Nudeln
3 EL Mirin
60 ml Sojasauce
2 TL Reisweinessig
1 TL Dashi-Granulat
2 Frühlingszwiebeln, diagonal
  in Scheiben geschnitten
1 TL fein gehackter, frischer
  Ingwer
24 große Jakobsmuscheln
  (ohne Corail)
5 frische Wolkenohrenpilze,

gehackt
1 Noriblatt, in dünne Streifen
  geschnitten

1 Nudeln in einem großen
Topf mit kochendem und
gesalzenem Wasser in 5 Min.
bissfest kochen. Abgießen
und unter fließend kaltem
Wasser abspülen. Gut ab-
tropfen lassen.
2 Mirin, Sojasauce, Reisweinessig, Dashi-Granulat
mit 750 ml Wasser in einem
Topf zum Kochen bringen.
Bei niedriger Hitze 3–4 Min.
köcheln lassen. Frühlingszwiebeln und Ingwer zuge-
ben und die Brühe heiß
stellen.
3 Jakobsmuscheln auf
einem Holzkohlengrill oder
in einer Grillpfanne von beiden Seiten je 1 Min. scharf
anbraten, aus der Pfanne
nehmen und auf einen Teller
geben.
4 Nudeln und Wolkenohren auf 4 Portionsschüsseln
verteilen und die Brühe
darüber schöpfen. In jede
Schüssel 6 Jakobsmuscheln
geben und mit Nori garnieren. Sofort servieren.

Nährwert pro Portion (6):
Fett 1 g; Eiweiß 20 g; Kohlenhydrate 49 g; Ballaststoffe 1,5, g;
Cholesterin 25,5 mg;
1125 kJ (270 cal)

Hinweis: Sind frische Wolkenohrenpilze nicht erhältlich, kann man stattdessen
auch getrocknete nehmen
und 15–20 Min. in warmem
Wasser einweichen.

NUDEL-TEMPURA MIT WASABI-DRESSING

Vorbereitungszeit: 10 Min.
Garzeit: 15 Min.
Für 4 Personen

Wasabi-Dressing
1/2 TL Wasabi-Paste
1 1/2 EL japanische Sojasauce
3 EL Mirin

80 g getrocknete Ramen-
    Nudeln
1 Möhre, geraspelt
2 Noriblätter, in dünne Streifen
    geschnitten
2 Frühlingszwiebeln, in dünne
    Scheiben geschnitten
150 g Tempura-Mehl
250 ml eiskaltes Wasser
Öl zum Frittieren

1 Für das Wasabi-Dressing die Wasabi-Paste mit etwas Sojasauce in einer kleinen Schüssel glatt rühren.
2 Die Nudeln in einem Topf mit kochendem und gesalzenem Wasser in knapp 5 Min. bissfest kochen. Abgießen, unter fließend kaltem Wasser abspülen und gut abtropfen lassen. Mit einer Schere in 5 cm lange Stücke schneiden. In eine große Schüssel geben.
3 Möhre, Nori und Frühlingszwiebeln zu den Nudeln geben und alle Zutaten mit einem Kochlöffel gut vermischen. Bis zur weiteren Verwendung in den Kühlschrank stellen.
4 Tempura-Mehl in eine große Schüssel geben und in die Mitte eine Mulde drücken. Das eisgekühlte Was-

ser dazugießen und die Zutaten mit zwei Essstäbchen oder einer Gabel verrühren bis die Zutaten gerade einen glatten Teig bilden. Nicht überrühren! Der Teig darf sogar ein wenig klumpig sein.
5 Einen Wok oder einen hohen Topf mit schwerem Boden zu einem Drittel mit Öl füllen und auf 180 °C erhitzen. Die Nudelmischung behutsam unter den Tempura-Teig heben. Etwa 60 ml des Teiges ins heiße Fett geben und mit zwei Essstäbchen oder einer Gabel vorsichtig ein wenig auseinander ziehen. 2–3 Min. backen bis die Tempura-Küchlein goldbraun und gar sind. Dabei gelegentlich wenden. Mit einem Gitter- oder Schaumlöffel aus dem Fett heben und auf Küchenpapier gründlich abtropfen lassen. In einem auf 150 °C (Gas: Stufe 1–2) vorgeheizten Ofen warm stellen. Aus dem übrigen Teig ebensolche Tempura-Küchlein backen. Insgesamt sollten es acht Stück sein. Mit dem Wasabi-Dressing servieren.

Nährwert pro Portion:
Fett 13,5 g; Eiweiß 8 g; Kohlenhydrate 44 g; Ballaststoffe 4,5, g;
Cholesterin 0 mg;
1370 kJ (325 cal)

Hinweis: Beim Abmessen der Zutaten für den Tempura-Teig sehr sorgfältig sein, denn durch einen zu dicken Teig (zu viel Tempura-Mehl) werden die Tempura-Küch-

lein zu fest. Ist der Teig zu dünn, weil er zuwenig Tempura-Mehl enthält, brechen die Küchlein beim Frittieren zu leicht auseinander.

Ein guter Tempura-Teig ist leicht und knusprig und umhüllt die übrigen Zutaten nur knapp. Er lässt sich nicht im geringsten mit der üblichen Konsistenz eines Backteiges vergleichen. Wichtig ist, dass die übrigen Zutaten und der Teig sehr kalt sind. Frisch angerührter Tempura-Teig sollte sofort verbraucht werden. Eine frittierte Tempura sollte man sofort servieren, da der Teig seine Knusprigkeit schnell verliert, wenn sie länger warm gestellt wird.

Nudel-Tempura mit Wasabi-Dressing

REISNUDELSALAT MIT RIESENGARNELEN

Vorbereitungszeit: 15 Min. + 10 Min. Einweichen
Garzeit: 15 Min.
Für 4 Personen

Dressing

2 EL dunkle Sojasauce
1 EL Fischsauce
2 EL Limettensaft
1 TL abgeriebene Limettenschale
1 TL Zucker
1 frischer roter Chili, entkernt und fein gehackt
2 TL fein gehackter, frischer Ingwer

150 g getrocknete, dünne Reisnudeln
100 g Zuckerschoten, geputzt und quer halbiert
3 EL Erdnussöl
100 g Cashewkerne, gehackt
24 rohe Riesengarnelen bis aufs Schwanzende geschält und ohne Darm
10 g frische Minze, gehackt
15 g frische Korianderblätter, gehackt

1 Für das Dressing alle Zutaten in einer Schüssel verrühren.
2 Nudeln 6–7 Min. in kochendem Wasser einweichen. Abgießen, abtropfen lassen und beiseite stellen.
3 Zuckerschoten 10 Sek. in kochendem und gesalzenem Wasser blanchieren.

Reisnudelsalat mit Riesengarnelen (oben) und Nudelsalat mit würzigem Lachs

Herausnehmen und in kaltem Wasser abschrecken.
4 Öl in einem Wok erhitzen und diesen damit ausschwenken. Cashewkerne darin 2–3 Min. pfannenrühren bis sie goldbraun sind. Mit einem Schaumlöffel herausnehmen und auf Küchenpapier abtropfen lassen. Garnelen in den Wok geben und unter ständigem Rühren in 2–3 Min. gleichmäßig rosa braten. In eine große Schüssel umfüllen und mit dem Dressing anmachen. Abühlen lassen.
5 Nudeln, Zuckerschoten, Minze, Koriander und Cashewkerne unter die Garnelen mischen und den Salat sofort servieren.

NÄHRWERT PRO PORTION:
Fett 19,5 g; Eiweiß 32 g; Kohlenhydrate 32 g; Ballaststoffe 3 g; Cholesterin 170 mg; 1795 kJ (430 cal)

NUDELSALAT MIT WÜRZIGEM LACHS

Vorbereitungszeit: 15 Min.
Garzeit: 10 Min.
Für 4 Personen

1/2 TL Wasabi-Paste
80 ml japanische Sojasauce
5 EL Mirin
1 TL Zucker
250 g getrocknete Somen-Nudeln
1 TL Sesamöl
1 TL Sansho-Pulver
1 EL Pflanzenöl
1/4 TL Salz
3 Lachsfilets (je etwa 200 g),

ohne Haut
4 Frühlingszwiebeln, diagonal in dünne Scheiben geschnitten
15 g frische Korianderblätter
1 Salatgurke, längs halbiert und in dünne Scheiben geschnitten

1 Wasabi mit etwas Sojasauce zu einer glatten Paste rühren. Mirin, Zucker, übrige Sojasauce unterrühren.
2 Nudeln in einem großen Topf mit kochendem und gesalzenem Wasser in etwa 2 Min. bissfest kochen. Abgießen und unter fließend kaltem Wasser abschrecken. Gut abtropfen lassen und in eine große Schüssel umfüllen und mit dem Sesamöl anmachen.
3 Sansho, Öl und 1/4 TL Salz mischen und die Filets damit von beiden Seiten einstreichen. Eine große Pfanne erhitzen. Die Filets hineinlegen und von beiden Seiten je 2–3 Min. braten. Herausnehmen und mit einer Gabel in mundgerechte Stücke zerpflücken.
4 Lachs, Frühlingszwiebeln, Koriander, Gurkenscheiben und die Hälfte des Dressings zu den Nudeln geben und gut untermischen. Den Salat in eine Servierschüssel umfüllen und mit dem übrigen Dressing beträufeln.

NÄHRWERT PRO PORTION:
Fett 15,5 g; Eiweiß 38 g; Kohlenhydrate 46 g; Ballaststoffe 3 g; Cholesterin 78 mg; 2005 kJ (480 cal)

Soba-Nudeln mit Miso und Baby-Auberginen

Vorbereitungszeit: 15 Min.
Garzeit: 30 Min.
Für 4 Personen

250 g Soba-Nudeln
3 TL Dashi-Granulat
1 1/2 EL gelbes Miso
1 1/2 EL japanische Sojasauce
1 1/2 EL Mirin
2 EL Pflanzenöl
1/2 TL Sesamöl
6 Baby-Auberginen, in 1 cm
  dicke Scheiben geschnitten
2 Knoblauchzehen, zerdrückt
1 EL fein gehackter, frischer
  Ingwer
150 g gekochte Erbsen
2 Frühlingszwiebeln, diagonal
  in dünne Scheiben
  geschnitten
geröstete Sesamsamen, als
  Garnitur

1 Die Nudeln in einem großen Topf mit kochendem und gesalzenem Wasser in 5 Min. bissfest kochen.
2 Dashi in 375 ml kochendem Wasser auflösen. Miso, Sojasauce und Mirin unterrühren.
3 Die Hälfte des Öls in einer großen Pfanne erhitzen und die Auberginen portionsweise in zwei Gängen darin in 4 Min. von beiden Seiten goldbraun braten. Knoblauch und Ingwer untermengen, dann die Miso-Brühe dazugießen und zum Kochen bringen. Die Hitze reduzieren und 10 Min. köcheln lassen bis die Auberginen durch sind und die Brühe etwas eingedickt ist. Nudeln

und Erbsen zugeben und das Gericht weitere 2 Min. köcheln lassen bis alles vollständig erhitzt ist.
4 In Portionsschüsseln mit Frühlingszwiebeln und Sesamsamen garniert servieren.

Nährwert pro Portion:
Fett 6,5 g; Eiweiß 13 g; Kohlenhydrate 54 g; Ballaststoffe 5,5 g; Cholesterin 0 mg;
1275 kJ (305 cal)

Warmer Udon-Nudelsalat mit Schweinefleisch und Limettendressing

Vorbereitungszeit: 20 Min.
Garzeit: 10 Min.
Für 4 Personen

Dressing
80 ml Limettensaft
1/4 TL Salz
1 EL Sesamöl
2 EL Ponzu
90 g Honig

400 g frische Udon-Nudeln
500 g Schweinefilet
Salz u. Pfeffer aus der Mühle
1 EL Sesamöl
200 g geröstete, ungesalzene
  Erdnüsse
2 TL fein gehackter, frischer
  Ingwer
2 große, frische rote Chillies,
  entkernt und fein gewürfelt
1 große Salatgurke, geschält,
  längs halbiert, entkernt und
  in dünne Streifen
  geschnitten
200 g Bohnensprossen
25 g gehackte, frische

Korianderblätter

1 Ofen auf 200 °C (Gas: Stufe 4) vorheizen. Für das Dressing Limettensaft, Salz, Sesamöl, Ponzu und Honig in ein Schraubglas geben und schütteln.
2 Nudeln in einem Topf mit kochendem und gesalzenem Wasser in 1–2 Min. bissfest kochen. Abgießen und unter fließend kaltem Wasser abschrecken. Abtropfen lassen und beiseite stellen.
3 Fleisch von Fett und Sehnen befreien, salzen und pfeffern und mit dem Sesamöl einstreichen. Eine beschichtete Pfanne stark erhitzen und das Fleisch von allen Seiten scharf anbraten. Die Hitze reduzieren und das Fleisch unter gelegentlichem Wenden in 5–6 Min. durchbraten. Herausnehmen und 5 Min. ruhen lassen.
4 Nudeln, Erdnüsse, Ingwer, Chili, Gurkenstreifen, Bohnensprossen und Koriander miteinander vermischen. Das Fleisch in dünne Scheiben schneiden, dazugeben und den Salat mit dem übrigen Dressing anmachen.

Nährwert pro Portion:
Fett 36 g; Eiweiß 48 g; Kohlenhydrate 53 g; Ballaststoffe 7 g; Cholesterin 61,5 mg; 3020 kJ (720 cal)

Sobanudeln mit Miso und Baby-Auberginen (oben) und Warmer Udon-Nudelsalat mit Schweinefleisch und Limettendressing

GLASNUDELN MIT SCHWEINEFLEISCH UND GARNELEN IM SALATBLATT

Vorbereitungszeit: 20 Min.

Garzeit: 15 Min.

Für 6 Personen

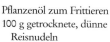

Pflanzenöl zum Frittieren
100 g getrocknete, dünne
  Reisnudeln
3 EL Pflanzenöl
1 Knoblauchzehe zerdrückt
1 EL fein gehackter, frischer
  Ingwer
3 Frühlingszwiebeln, in dünne
  Scheiben geschnitten (den
  grünen Teil für die Garnitur
  aufbewahren)
150 g Schweinehack
500 g rohe Garnelen, geschält,
  ohne Darm und grob
  gehackt
2 EL chinesischer Reiswein
2 EL Sojasauce
2 EL Hoisin-Sauce
1 EL braune Bohnensauce
1/2 TL Zucker
60 ml Hühnerbrühe
1/2 TL Salz
12 gewölbte, feste Eisberg-
  salatblätter

1 Einen hohen Topf mit
schwerem Boden zu einem
Drittel mit Öl füllen und auf
170 °C erhitzen. Die Nudeln
auseinander ziehen und
portionsweise in mehreren
Gängen darin frittieren bis
sie aufgegangen, aber noch
nicht gebräunt sind. Mit

Glasnudeln mit Schweine-
fleisch und Garnelen im
Salatblatt

einem Gitter- oder Schaumlöffel herausnehmen und auf
Küchenpapier abtropfen
lassen.

2 Erdnussöl in einem Wok
stark erhitzen und den Wok
damit ausschwenken. Knob-
lauch, Ingwer und Frühlingszwiebeln zugeben und
1 Min. pfannenrühren.
Dabei darauf achten, dass
der Knoblauch nicht
verbrennt.

3 Hackfleisch zugeben und
mit einem Kochlöffel zerklei-
nern und weitere 4 Min. garen. Dann die Garnelen
zugeben und 2 Min. pfan-
nenrühren bis sie gleich-
mäßig rosa sind.

4 Chinesischen Reiswein,
Soja- und Hoisin-Sauce,
braune Bohnensauce, Zu-
cker, Hühnerbrühe und
1/2 TL Salz zugeben und alle
Zutaten gut vermischen. Bei
starker Hitze 2 Min. kochen
bis die Flüssigkeit leicht
eindickt.

5 Die Nudeln in den
Salatblättern verteilen. Die
Garnelen-Hackfleischsauce
darüber löffeln und mit
Frühlingszwiebeln garnieren.
Sofort servieren.

NÄHRWERT PRO PORTION:

Fett 24 g; Eiweiß 24 g; Kohlenhydrate 9 g; Ballaststoffe 1,5 g; Cholesterin 139,5 mg;
1455 kJ (350 cal)

Hinweis: Das Hackfleisch
sollte nicht zu mager sein,
denn sonst wird die Sauce zu
trocken.

Beim Frittieren der Reisnu-

deln darf das Öl nicht zu
heiß werden, da die Nudeln
sonst zu schnell aufgehen
und bräunen. Bevor man mit
dem Frittieren beginnt
sollten alle dafür nötigen
Utensilien bereit liegen: Ein
Schaum- oder Gitterlöffel
und ein mit mehreren Lagen
Küchenpapier ausgelegter
Teller, auf dem man die
frittierten Reisnudeln
abtropfen lässt.

Die Salatblätter setzt man
vor dem Servieren am besten
in kleine Porzellan- oder
Glasschälchen und füllt sie
erst anschließend mit der
heißen Fülle. So behalten sie
ihre Form und fallen nicht
auseinander.

NUDELSALAT MIT
HÜHNERFLEISCH IN
ERDNUSSKRUSTE
Vorbereitungszeit: 30 Min.
Garzeit: 20 Min.
Für 4 Personen

Zitronen-Chili-Dressing
2 Knoblauchzehen, zerdrückt
3 kleine rote Chillies, entkernt
   und fein gehackt
3 EL Zitronensaft
2 TL abgeriebene
   Zitronenschale
80 ml Fischsauce
90 g Palmzucker, gerieben
60 ml Reisweinessig

350 g getrocknete, flache
   Eiernudeln
1/2 TL Sesamöl
1/2 TL Pflanzenöl
60 g fein geschnittene
   Frühlingszwiebeln
1 rote Paprika, in dünnen
   Streifen
15 g frische Korianderblätter
10 g frische Minze
Öl zum Braten
2 Eier, verquirlt
2 EL Fischsauce
2 EL Mehl
320 g frische Erdnüsse,
   gemahlen
500 g Hühnerbrustfilets, in
   1 cm langen Streifen

1   Alle Zutaten für das Dressing in einem Topf bei kleiner
Hitze etwa 2 Min. rühren bis
sich der Zucker aufgelöst hat.
In ein Schraubglas gießen,
schütteln und abkühlen.
2   Nudeln in 3–4 Min. bissfest kochen. Abgießen und
unter fließend kaltem Wasser
abschrecken. Abtropfen lassen

und beiseite stellen.
3   Etwas Öl in einer Pfanne
erhitzen. Eier mit der Fischsauce verrühren und das Mehl
mit den Erdnüssen in einer
flachen Schüssel vermischen.
Hühnerfleischstreifen durch
das Ei ziehen und in dem
Mehl wenden. In der Pfanne
unter häufigem Wenden goldbraun braten. Auf Küchen-
papier abtropfen lassen.
4   Das Dressing erneut
schütteln und die Nudeln damit anmachen. Den Nudel-
salat in einer Servierschüssel
anrichten und mit dem Hühnerfleisch garnieren.

NÄHRWERT PRO PORTION:
Fett 57,5 g; Eiweiß 34 g; Kohlenhydrate 99 g; Ballaststoffe 11 g; Cholesterin 192 mg; 4875 kJ (1165 cal)

EIERNUDELN MIT
MEERESFRÜCHTEN
Vorbereitungszeit: 20 Min. +
   20 Min. Einweichen
Garzeit: 15 Min.
Für 4 Personen

6 getrocknete Shiitake-Pilze
400 g frische, dicke Eiernudeln
1 Eiweiß, leicht geschlagen
3 TL Speisestärke
1 TL zerstoßene Szechuan-
   Pfefferkörner
250 g festes, weißes Fischfilet, in
   2 cm großen Würfeln
200 g rohe Garnelen, bis aufs
   Schwanzende geschält u.
   ohne Darm
3 EL Erdnussöl
3 Frühlingszwiebeln, diagonal in
   Scheiben geschnitten
2 Knoblauchzehen, zerdrückt

1 EL geriebener, frischer Ingwer
160 g Bambussprossen aus der
   Dose, abgetropft, in dünne
   Scheiben geschnitten
2 EL scharfe Chilisauce
1 EL Sojasauce
2 EL Reisweinessig
185 ml Fischbrühe

1   Pilze 20 Min. in warmem
Wasser einweichen. Abtropfen
lassen, Stiele entfernen, Kappen in Scheiben schneiden.
2   Nudeln in 2–3 Min.
bissfest kochen. Abtropfen
lassen.
3   Eiweiß, Stärke und Szechuan-Pfeffer zu einer glatten
Paste verrühren. Fisch und
Garnelen hineingeben.
4   2 EL Öl in einem Wok
erhitzen. Überflüssigen Teig
von den Meeresfrüchten
abtropfen lassen. Meeres-
früchte portionsweise in mehreren Gängen bei großer Hitze goldbraun und knusprig
braten. Auf Küchenpapier
abtropfen lassen.
5   Den Wok auswischen und
übriges Öl erhitzen. Frühlingszwiebeln, Knoblauch,
Ingwer, Bambussprossen,
Pilze und übrigen Pfeffer darin
1 Min. pfannenrühren. Chili-
und Sojasauce, Reisweinessig
Brühe und Nudeln unter-
mischen. Fisch und Garnelen
untermengen und erhitzen.

NÄHRWERT PRO PORTION:
Fett 12,5 g; Eiweiß 35 g; Kohlenhydrate 59 g; Ballaststoffe 4 g; Cholesterin 124,5 mg; 2085 kJ (500 cal)

Nudelsalat mit Hühnerfleisch
in Erdnusskruste (oben) und
Eiernudeln mit Meeresfrüchten

REISPAPIERROLLEN MIT
MANDARINE UND ENTE
Vorbereitungszeit: 40 Min.
Garzeit: Keine
Ergibt 24 Stück

1 ganze auf chinesische Art
marinierte und gebratene
Ente
24 kleine vietnamesische
Reispapier-Teigblätter
3 Mandarinen, geschält und in
Stücke geteilt
20 g frische Minze
60 g frischer Schnittlauch, in
3–4 cm lange Röllchen
geschnitten
2 EL Hoisin-Sauce
2 EL frischer Mandarinensaft

1 Haut und Fleisch von der
Ente ablösen und in
1 cm x 3 cm lange Stücke
schneiden.
2 Jeweils ein Teigblatt kurz
in kaltes Wasser tauchen bis
es weich ist. Auf ein sauberes
Küchentuch legen.
2–3 Stücke Entenfleisch auf
das untere Ende der Teig-
hülle legen. 2 Mandarinen-
stücke, 3 Minzeblätter und
mehrere Schnittlauchröllchen
darauf legen. Den unteren
und die seitlichen Ränder
einschlagen und das Reispa-
pier eng einrollen bis eine
kleine Frühlingsrolle entsteht.
3 Hoisin-Sauce und Mandarinensaft in einer Schüssel

Reispapierrollen mit Manda-
rine und Ente (oben) und
Rindfleischfilet mit Tamarinde,
Bohnen und Hokkien-Nudeln

verrühren und als Dippsauce
für die Reispapierrollen rei-
chen. Sofort servieren, da die
Teigblätter rasch austrocknen
und reißen.

NÄHRWERT PRO PORTION:
Fett 1,4 g; Eiweiß 4 g; Kohlenhydrate 3 g; Ballaststoffe 0,5 g; Cholesterin 19,5 mg; 160 kJ (40 cal)

RINDFLEISCHFILET MIT
TAMARINDE, BOHNEN
UND HOKKIEN-NUDELN
Vorbereitungszeit: 20 Min.
Garzeit: 20 Min.
Für 4 Personen

Tamarindensauce
2 EL Tamarindenkonzentrat
1 EL Pflanzenöl
1 Zwiebel, fein gewürfelt
2 EL Palmzucker, gerieben

500 g Hokkien-Nudeln
4 Rinderfiletsteaks (je 120 g)
Salz u. schwarzer Pfeffer aus
der Mühle
2 EL Pflanzenöl
3 Knoblauchzehen, zerdrückt
1 kleiner, frischer roter Chili,
entkernt und fein gewürfelt
300 g grüne Nadelbohnen
(Keniabohnen), geputzt
100 g Zuckerschoten, geputzt
1 EL Mirin
15 g fein gehackte, frische
Korianderblätter

1 Für die Sauce das Tamarindenkonzentrat in
250 ml heißem Wasser
auflösen. Öl in einem Topf
erhitzen, Zwiebeln zugeben
und in 6–8 Min. goldgelb
dünsten. Palzmzucker

hinzufügen und rühren bis er
sich aufgelöst hat. Tama-
rindenflüssigkeit dazugießen
und 5 Min. köcheln lassen
bis die Brühe leicht eindickt.
2 Nudeln in einer Schüssel
mit warmem Wasser ein-
weichen und mit den Hän-
den auseinander ziehen.
Abtropfen lassen.
3 Steaks salzen und pfeffern. Die Hälfte des Öls in
einem Wok erhitzen und die
Filetsteaks je nach ge-
wünschtem Gargrad
3–4 Min. von jeder Seite
braten. Aus der Pfanne
nehmen und auf einem Teller
warm stellen.
4 Übriges Öl in einem
Wok erhitzen und den
Knoblauch und Chili 30 Sek.
bei starker Hitze pfannenrühren. Bohnen und Zu-
ckerschoten zugeben und
2 Min. garen. Mirin und Koriander untermischen und
die Nudeln zugeben. Mit
den übrigen Zutaten behutsam vermischen und
erhitzen.
5 Die Nudeln auf 4 Teller
aufteilen. Je ein Steak darauf
legen und die Sauce darüber
träufeln.

NÄHRWERT PRO PORTION:
Fett 15,5 g; Eiweiß 37 g; Kohlenhydrate 44 g; Ballaststoffe 6 g; Cholesterin 72 mg; 1940 kJ (465 cal)

GRÜNTEE-NUDELSUPPE
Vorbereitungszeit: 10 Min.
Garzeit: 10 Min.
Für 4 Personen

200 g getrocknete Grüntee-
Nudeln
2 TL Dashi-Granulat
1 EL Mirin
1 EL japanische Sojasauce
200 g fester Tofu, abgetropft
und in 1,5 cm große Würfel
geschnitten
1 Noriblatt, in dünne Streifen
geschnitten
3 TL geröstete Sesamsamen

1 Die Nudeln in einem
großen Topf mit kochendem
und gesalzenem Wasser in
5 Min. bissfest kochen.
Abgießen und unter fließend
kaltem Wasser abschrecken.
Abtropfen lassen und bei-
seite stellen.
2 Dashi-Granulat mit 1,5 l
Wasser in einem großen Topf
erhitzen. Dabei bei mittlerer
Hitze rühren bis sich das
Granulat aufgelöst hat. Die
Hitze heraufschalten und die
Brühe zum Kochen bringen.
Mirin und Sojasauce unterrühren.
3 Nudeln und Tofu auf
4 Portionsschüsseln verteilen
und die heiße Brühe darüber
schöpfen. Mit Nori-Streifen
und Sesamsamen garnieren.
Sofort servieren.

NÄHRWERT PRO PORTION:
Fett 5,5 g; Eiweiß 14 g; Kohlenhydrate 36 g; Ballaststoffe 3 g; Cholesterin 9 mg; 1045 kJ (250 cal)

TERIYAKI-HUHN MIT UDON-NUDELN
Vorbereitungszeit: 20 Min. +
30 Min. Marinieren
Garzeit: 20 Min.
Für 4 Personen

450 g Hühnerbrustfilets
1 Knoblauchzehe, zerdrückt
1 1/2 TL geriebener, frischer
Ingwer
80 ml helle Sojasauce
1 EL Sake
60 ml Mirin
2 EL Pflanzenöl
1 TL Sesamöl
1 Zwiebel, halbiert und in
dünne Spalten geschnitten
2 TL Zucker
6 Frühlingszwiebeln, diagonal
in dünne Scheiben
geschnitten
400 g frische Udon-Nudeln
2 TL geröstete, schwarze
Sesamsamen
1 TL geröstete, helle
Sesamsamen

1 Hühnerbrustfilets von
Fett und Sehnen befreien
und in 2 cm große Würfel
schneiden. Knoblauch, Ingwer, Sojasauce, Sake und
Mirin in einer großen Schüssel vermischen. Hühner-
fleisch hineingeben und
gründlich mit der Marinade
überziehen. Zugedeckt
30 Min. in den Kühlschrank
stellen.
2 Hühnerfleisch abtropfen
lassen, die Marinade auffan-
gen und beiseite stellen. Erd-
nuss- und Sesamöl ver-
mischen. Die Hälfte des Öls
in einem Wok stark erhitzen.
Hühnerfleisch portionsweise

in mehreren Gängen darin
bräunen. Vom Herd nehmen
und warm stellen. Übriges
Öl in den Wok geben und
die Zwiebeln darin in
3–4 Min. weich dünsten.
3 Inzwischen die beiseite
gestellte Marinade und den
Zucker in einem kleinen
Topf zum Kochen bringen.
2 Min. bei geringer Hitze
unter gelegentlichem Rühren
köcheln lassen bis die Flüssigkeit sirupartig eingekocht
ist. Vom Herd nehmen und
warm stellen.
4 Das Hühnerfleisch erneut
in den Wok geben, Früh-
lingszwiebeln und Udon-
Nudeln hinzufügen. 2 Min.
unter häufigem Rühren er-
hitzen, dann die warm ge-
stellte Marinade dazugeben.
Eine weitere Min. erhitzen.
5 Die Nudeln auf 4 Portionsschüsseln verteilen. Mit
hellen und dunklen Sesam-
samen bestreuen und sofort
servieren.

NÄHRWERT PRO PORTION:
Fett 13 g; Eiweiß 30 g; Kohlenhydrate 30 g; Ballaststoffe 3 g; Cholesterin 77,5 mg; 1515 kJ (360 cal)

Grüntee-Nudelsuppe (oben)
und Teriyaki-Huhn mit
Udon-Nudeln

REISPAPIERROLLEN MIT
THAILÄNDISCHEM
RINDFLEISCHSALAT
Vorbereitungszeit: 35 Min. +
2 Std. Marinieren
Garzeit: 5 Min.
Ergibt 16 Stück

Dippsauce
60 ml japanische Sojasauce
1 EL Reisweinessig
1 TL Sesamöl
1 EL Mirin
2 TL in dünne Streifen
 geschnittener, frischer
 Ingwer

80 ml Ketjap Manis
80 ml Limettensaft
1 EL Sesamöl
2 kleine, frische rote Chillies,
 fein gehackt
300 g Rinderlendensteak
1 Stängel Zitronengras (nur
 der weiße Teil), fein gehackt
60 ml Limettensaft, extra
3 EL fein gehackte, frische
 Minze
3 EL fein gehackte, frische
 Korianderblätter
1 1/2 EL Fischsauce
16 viereckige Reispapier-
 Teigblätter (16,5 cm
 Seitenlänge)

1 Für die Dippsauce japanische Sojasauce, Reisweinessig, Sesamöl, Mirin und
Ingwer in einer kleinen
Schüssel gründlich miteinander verrühren.
2 Ketjap Manis, Limettensaft, Sesamöl und die Hälfte
der Chillies in einer großen

Reispapierrollen mit thailändischem Rindfleischsalat

Schüssel vermengen. Das
Rindfleisch darin wenden
und gleichmäßig mit der
Marinade überziehen. Mit
Frischhaltefolie zugedeckt
2 Std. in den Kühlschrank
stellen.
3 Das Fleisch auf einem
Holzkohlengrill oder in
einer beschichteten Pfanne je
nach gewünschtem Gargrad
von beiden Seiten jeweils
3–4 Min. braten. Das Fleisch
mit einem Stück Alufolie
zugedeckt mindestens
5 Min. ruhen lassen, dann
gegen die Faser in dünne
Streifen schneiden.
4 Rindfleisch mit Zitronengras, Limettensaft, Minze,
Koriander, Fischsauce und
übrigen Chillies gründlich
anmachen.
5 Jeweils ein Reispapier-
Teigblatt ein paar Sekunden
in warmem Wasser einwei-
chen bis die Teighülle weich
ist. Abtropfen lassen und auf
eine glatte Arbeitsfläche legen. 1 EL Rindfleischfülle in
die Mitte der Teighülle geben. Den unteren und die
seitlichen Ränder einschlagen und das Reisblatt eng
einrollen. Die übrigen
Teigblätter und Rindfleischfülle auf die gleiche Art
verarbeiten. Zusammen mit
der Dippsauce servieren.

NÄHRWERT PRO ROLLE:
Fett 1 g; Eiweiß 4 g; Kohlenhydrate
3 g; Ballaststoffe 0,5 g; Cholesterin
7,5 mg; 145 kJ (35 cal)

Hinweis: Das Rindfleisch
nicht durch, sondern rosa
braten. So bleibt es zart und

weich und schmeckt vor
allem nicht trocken. Ketjap
Manis ist auch als süße
Sojasauce bekannt und wird
vor allem in der indonesischen Küche zum Würzen,
besonders für Satays (Spieß-
chen), verwendet. Ist Ketjap
Manis nicht erhältlich, kann
man eine süße Sojasauce
auch selbst herstellen. Dazu
250 ml dunkle Sojasauce,
6 EL Rohrzuckersirup und
3 EL braunen Zucker in
einem kleinen Topf zum
Kochen bringen und unter
Rühren köcheln lassen bis
sich der Zucker vollständig
aufgelöst hat. Anstelle von
viereckigen Reispapier-Teig-
blättern kann man auch runde Teighüllen nehmen, deren
Durchmesser etwa so groß
ist wie eine Seitenlänge der
viereckigen Reisblätter. Das
Füllen erfolgt auf die gleiche
Art.

FRITTIERTE HÜHNER-FLEISCHBÄLLCHEN

Vorbereitungszeit: 20 Min. +
30 Min. Kühlen
Garzeit: 15 Min.
Ergibt etwa 30 Stück

50 g getrocknete, dünne
  Reisnudeln
500 g Hühnerhack
3 Knoblauchzehen, fein
  gehackt
1 EL gehackter, frischer Ingwer
1 frischer roter Chili, entkernt
  und fein gehackt
1 Ei, verquirlt
2 Frühlingszwiebeln, in dünne
  Scheiben geschnitten
20 g gehackte, frische
  Korianderblätter
40 g Mehl
60 g fein gehackte
  Wasserkastanien
Salz, nach Geschmack
Öl zum Frittieren

Dippsauce
125 ml süße Chilisauce
125 ml Sojasauce
1 EL chinesischer Reis-
  weinessig

1 Die Reisnudeln mit kochendem Wasser bedecken
und 6–7 Min. einweichen.
Abtropfen lassen und in kur-
ze Stücke schneiden.
2 Hackfleisch, Knoblauch,
Ingwer, Chili, Ei, Frühlingszwiebeln, Koriander, Mehl
und Wasserkastanien in einer
großen Schüssel vermischen.
Die Reisnudeln untermischen
und die Masse mit Salz würzen. Für 30 Min. in den
Kühlschrank stellen. Aus je
1 gehäuften EL Masse wal-
nussgroße Bällchen formen.
3 Einen Wok oder einen
hohen Topf zu einem Drittel
mit Öl füllen und auf 180 °C
erhitzen. Die Bällchen portionsweise in mehreren Gängen in etwa 2 Min. goldbraun
und durch frittieren. Auf Küchenpapier abtropfen lassen.
4 Für das Dressing süße
Chilisauce, Sojasauce und
Reiswein verrühren. Zu den
heißen Hackfleischbällchen
servieren.

NÄHRWERT PRO BÄLLCHEN:
Fett 6,5 g; Eiweiß 4 g; Kohlenhydrate 3,5 g; Ballaststoffe 0,5 g; Cholesterin 21 mg; 360 kJ (85 cal)

MEERESFRÜCHTEBRÜHE MIT SOBA-NUDELN

Vorbereitungszeit: 20 Min.
Garzeit: 20 Min.
Für 4 Personen

250 g getrocknete Soba-
  Nudeln
8 rohe Riesengarnelen
1 1/2 EL fein gehackter, frischer
  Ingwer
4 Frühlingszwiebeln, diagonal
  in Scheiben geschnitten
100 ml helle Sojasauce
60 ml Mirin
1 TL Palmzucker, gerieben
300 g grätenfreies Lachsfilet, in
  5 cm lange Streifen
  geschnitten
300 g grätenfreies, weißes
  Fischfilet, in 5 cm lange
  Streifen geschnitten
150 g geputzter Kalmar, ohne
  Tentakeln, in einem Gitter-
  muster eingeschnitten und in
  3 cm große Stücke
geschnitten
50 g Mitsubablätter, grob
  gehackt

1 Nudeln in einem großen
Topf mit kochendem und gesalzenem Wasser in 5 Min.
bissfest kochen. Abgießen
und unter fließend kaltem
Wasser abschrecken. Abtropfen lassen und beiseite stellen.
2 Garnelen bis aufs
Schwanzende schälen und
den Darm entfernen. Schalen
aufbewahren. Garnelenkör-
per und Schalen mit Ingwer,
der Hälfte der Frühlingszwiebeln und 1,5 l Wasser in
einem großen Topf langsam
zum Kochen bringen und
5 Min. köcheln lassen. Durch
ein Sieb in einen Behälter gießen, Schalen und Frühlingszwiebeln wegwerfen und die
Brühe erneut in den Topf
gießen. Sojasauce, Mirin und
Palmzucker dazugeben.
Erhitzen und den Zucker unter Rühren auflösen.
3 Garnelen und Fisch zugeben und bei niedriger Hitze
in 2–3 Min. gar ziehen. Übrige Frühlingszwiebeln
hinzufügen.
4 Nudeln gleichmäßig auf
4 große Portionsschüsseln
aufteilen und die Meeres-
früchte darüber geben. Brühe
darüber schöpfen und mit
Mitsubablättern bestreuen.

NÄHRWERT PRO PORTION:
Fett 8 g; Eiweiß 55 g; Kohlenhydrate 49 g; Ballaststoffe 1,5 g; Cholesterin 213,5 mg; 2000 kJ (480 cal)

Frittierte Hühnerfleischbällchen
  (oben) und Meeresfrüchte mit
  Soba-Nudeln

NUDELSALAT MIT
HÜHNERFLEISCH, MANGO
UND CHILIDRESSING
Vorbereitungszeit: 15 Min. +
15 Min. Einweichen
Garzeit: 15 Min.
Für 4 Personen

Dressing
3 EL Limettensaft
1 TL fein abgeriebene
    Limettenschale
2 EL süße Chilisauce
1 EL Fischsauce
1 EL Erdnussöl

110 g getrocknete, Reis-
    bandnudeln
4 Hühnerbrustfilets, ohne Haut
1 EL Erdnussöl
Salz u. Pfeffer aus der Mühle
1 mittelgroße, feste Mango, in
    1 cm große Würfel
    geschnitten
15 g gehackte frische
    Korianderblätter
125 g Salatgurke, längs halbiert
    und in Scheiben geschnitten
1 kleine rote Paprika, entkernt
    und in Streifen geschnitten
2 Frühlingszwiebeln, diagonal
    in dünne Scheiben
    geschnitten

1 Für das Dressing alle
Zutaten miteinander ver-
rühren.
2 Nudeln mit kochendem
Wasser bedecken und
15 Min. einweichen. Abtropfen lassen und in eine große
Schüssel umfüllen.

Nudelsalat mit Hühnerfleisch,
Mango und Chilidressing
(oben) und Buchweizen-
nudelsalat mit Auberginen

3 Hühnerfleisch mit dem
Öl einstreichen und leicht
salzen und pfeffern. Das
Fleisch 6–8 Min. von jeder
Seite auf einem Holzkohlen-
grill oder in einer Grillpfanne
braten. 5 Min. ruhen lassen,
dann in diagonal in dünne
Streifen schneiden.
4 Hühnerfleisch, Mango,
Koriander, Gurke, Paprika,
Frühlingszwiebeln und
Nudeln mit dem Dressing
anmachen.

NÄHRWERT PRO PORTION:
Fett 10,5 g; Eiweiß 29 g; Kohlenhydrate 29 g; Ballaststoffe 2,5 g; Cholesterin 83 mg; 1355 kJ (325 cal)

BUCHWEIZENNUDEL-
SALAT MIT AUBERGINEN
Vorbereitungszeit: 15 Min. +
10 Min. Einweichen
Garzeit: 15 Min.
Für 4–6 Personen

10 g getrocknete Shiitake-Pilze
350 g Buchweizen-Soba-
    Nudeln
2 TL Sesamöl
3 EL Tahin (Sesammus)
1 EL helle Sojasauce
1 EL dunkle Sojasauce
1 EL Honig
2 EL Zitronensaft
3 EL Erdnussöl
2 japanische Auberginen, in
    sehr dünne Streifen
    geschnitten
2 Möhren, in Streifen
    geschnitten
10 Frühlingszwiebeln, diagonal
    in Scheiben geschnitten
6 frische Shiitake-Pilze, in
    dünne Scheiben geschnitten

20 g grob gehackte, frische
    Korianderblätter

1 Getrocknete Shiitake-
Pilze 10 Min. in 125 ml
heißem Wasser einweichen.
Abtropfen lassen, die Einweichflüssigkeit aufbewahren.
Holzige Stiele entfernen und
die Kappen in dünne Scheiben schneiden.
2 Nudeln in 5 Min. bissfest
kochen, abgießen und unter
fließend kaltem Wasser
abschrecken. Mit 1 TL
Sesamöl anmachen.
3 Tahin, helle und dunkle
Sojasauce, Honig, Zitronensaft, 2 EL der Einweichflüssigkeit und das übrige Sesamöl in einer Küchenma-
schine glatt pürieren.
4 2 EL Erdnussöl in einer
Pfanne stark erhitzen.
Auberginen zufügen und
unter häufigem Wenden in
4–5 Min. goldbraun und
weich braten. Auf Küchenpapier abtropfen lassen.
5 Übriges Öl in einer Pfanne erhitzen. Möhre, Früh-
lingszwiebeln, frische und
eingeweichte Shiitake-Pilze
zugeben und unter ständigem
Rühren in 1–2 Min. knapp
weich garen. Vom Herd nehmen und mit den Nudeln,
Auberginen und dem Dres-
sing anmachen. Mit dem
Koriander garnieren.

NÄHRWERT PRO PORTION (6):
Fett 14 g; Eiweiß 13 g; Kohlenhydrate 52 g; Ballaststoffe 4 g; Cholesterin 0 mg; 1540 kJ (370 cal)

REISNUDELSALAT MIT LAMM UND ERDNUSSDRESSING

Vorbereitungszeit: 25 Min. +
1 Std. Marinieren
Garzeit: 5 Min.
Für 4 Personen

500 g Lammrückenfleisch, in
lange dünne Streifen
geschnitten
2 EL helle Sojasauce
1 EL Reisweinessig
125 g getrocknete,
Reisbandnudeln
1 Salatgurke, ungeschält mit
einem Gemüsehobel in
dünne Streifen geschnitten
100 g gehackte, ungesalzene,
geröstete Erdnüsse
frische Korianderzweige, als
Garnitur

Würziges Erdnussdressing
3 Knoblauchzehen
175 g feine Erdnussbutter
4 EL Sojasauce
30 g frische Korianderblätter
1 EL Reisweinessig
1 EL chinesischer Reiswein
oder trockener Sherry
2 EL Palmzucker, gerieben
1 kleiner frischer roter Chili,
grob gehackt

1   Lammfleisch, Sojasauce
und Reiswein in einer Schüssel vermischen. Zugedeckt
1 Std. marinieren.
2   Für das Erdnussdressing
alle Zutaten mit 2 EL Wasser
in einer Küchenmaschine
glatt pürieren.
3   Nudeln in einer Schüssel
mit kochendem Wasser
15 Min. einweichen.
Abgießen und unter fließend

kaltem Wasser abspülen.
4   Einen Holzkohlengrill
oder Grill anzünden und das
Fleisch portionsweise in
mehreren Gängen 1–2 Min.
unter ständigem Wenden je
nach gewünschtem Gargrad
scharf anbraten. In eine große
Schüssel geben. Nudeln und
Gurke zugeben und mit 3/4
des Dressings anmachen. In
einer Servierschüssel anrichten und das übrige Dressing
darüber träufeln. Mit Erdnüssen bestreuen und mit
Korianderzweigen garnieren.

NÄHRWERT PRO PORTION:
Fett 39 g; Eiweiß 50 g; Kohlenhydrate 36 g; Ballaststoffe 8,5 g; Cholesterin 82,5 mg; 2940 kJ (700 cal)

SHANGHAI-NUDELN MIT SCHWEINEFLEISCH UND BRAUNEN BOHNEN

Vorbereitungszeit: 10 Min.
Garzeit: 15 Min.
Für 4–6 Personen

3 EL braune Bohnensauce
2 EL Hoisin-Sauce
180 ml Hühnerbrühe
1/2 TL Zucker
2 EL Erdnussöl
3 Knoblauchzehen, fein
gehackt
6 Frühlingszwiebeln, in
Scheiben geschnitten, weißer
und grüner Teil getrennt
650 g Schweinehack
500 g frische Shanghai-Nudeln
1 Salatgurke, längs halbiert,
entkernt und diagonal in
Scheiben geschnitten
30 g frische Korianderblätter

90 g Bohnensprossen
1 EL Limettensaft

1   Bohnen- und Hoisin-
Sauce und Brühe mit dem
Zucker gründlich verrühren.
2   Öl in einem Wok oder
einer großen Pfanne erhitzen.
Knoblauch und Frühlings-
zwiebeln (weißer Teil)
zugeben und 10–20 Sek. garen. Schweinehack zugeben
und bei großer Hitze unter
ständigem Rühren 2–3 Min.
braten bis es Farbe angenom-
men hat. Gewürzte Brühe
dazugießen und bei niedriger
Hitze 7–8 Min. köcheln
lassen.
3   Nudeln in einem großen
Topf mit kochendem und
gesalzenem Wasser in
4–5 Min. bissfest kochen.
Abgießen und abtropfen
lassen. Die Nudeln auf tiefe
Teller verteilen. Gurke,
Koriander, Bohnensprossen,
Limettensaft und übrige
Frühlingszwiebeln (grüner
Teil) vermischen.
Die Fleischsauce über die
Nudeln geben und mit der
Gurkenmischung garnieren.

NÄHRWERT PRO PORTION (6):
Fett 14 g; Eiweiß 32 g; Kohlenhydrate 50 g; Ballaststoffe 4 g; Cholesterin 76,5 mg; 1905 kJ (455 cal)

Reisnudelsalat mit Lamm und
Erdnussdressing (oben) und
Shanghai-Nudeln mit
Schweinefleisch und braunen
Bohnen

ROSA GEBRATENES RINDERFILET MIT GLASNUDELN UND INGWERDRESSING

Vorbereitungszeit: 15 Min. +
5 Min. Einweichen
Garzeit: 10 Min.

Für 4 Personen

2 Rinderfiletsteaks (je 200 g)
schwarzer Pfeffer aus der
  Mühle
2 EL Erdnussöl
250 g dünne Glasnudeln
1/2 TL Sesamöl
2 Frühlingszwiebeln, diagonal
  in dünne Scheiben
  geschnitten

Ingwerdressing
1 1/2 EL fein gehackter,
  frischer Ingwer
3 EL helle Sojasacue
3 EL Mirin
1 TL Zucker
2 TL Reisweinessig

1 Rinderfiletsteaks von Fett und Sehnen befreien und mit schwarzem Pfeffer aus der Mühle würzen. Erdnussöl in einer großen Pfanne stark erhitzen und die Steaks darin von beiden Seiten je etwa 3 Min. braten bis das Fleisch innen knapp rosa ist. Aus der Pfanne nehmen, auf einen Teller legen und auskühlen lassen. Zugedeckt in den Kühlschrank stellen bis es vollständig durchgekühlt ist.
2 Nudeln in eine hitzefeste

Rosa gebratenes Rinderfilet mit Glasnudeln und Ingwerdressing

Schüssel geben, mit kochendem Wasser bedecken und 3–4 Min. einweichen. Abgießen und unter fließend kaltem Wasser abspülen. Gut abtropfen lassen und wieder in die Schüssel geben. Die Nudeln mit dem Sesamöl anmachen.
3 Für das Ingwerdressing den gehackten Ingwer mit der hellen Sojasauce, Mirin, Zucker und Reisweinessig in eine kleine Schüssel geben und rühren bis sich der Zucker aufgelöst hat. Das Dressing beiseite stellen.
4 Die Hälfte der Frühlingszwiebeln in die Schüssel mit den Nudeln geben und vermischen. Auf einer Servierplatte anrichten. Das durchgekühlte Rindfleisch in dünne Streifen schneiden und über die Nudeln schichten.
5 Das Dressing bei niedriger Hitze leicht erwärmen und über die Rindfleischstreifen und Nudeln träufeln. Übrige Frühlingszwiebeln darüber streuen und sofort servieren.

NÄHRWERT PRO PORTION:
Fett 10,5 g; Eiweiß 23 g; Kohlenhydrate 56 g; Ballaststoffe 0,5 g; Cholesterin 60 mg; 1730 kJ (415 cal)

Hinweis: Dieses Gericht wird kalt serviert und man kann es einige Stunden im Voraus oder am Vortag zubereiten und kurz vor dem Servieren anrichten.

Variante: Anstelle des Rindfleisches kann man

dieses Gericht auch mit Frischlachs zubereiten. Dazu 400 g Lachsfilet (2 Filets à 200 g) von Haut und Gräten befreien und von beiden Seiten großzügig salzen und pfeffern. Das Erdnussöl in einer großen Pfanne erhitzen und die Filets von beiden Seiten je 2–3 Min. braten bis sie knapp durch sind. Nach Belieben kann man die Lachsfilets auch wie das Rinderfilet „rosa" braten, doch dazu sollte der Fisch sehr frisch sein. Aus der Pfanne nehmen und etwas abkühlen lassen. Die warmen Filets mit den Händen in mundgerechte Stücke zerpflücken und auf den portionierten Nudeln anrichten. Das Dressing darüber träufeln.

Ein schmackhaftes und bekömmliches Gericht, das besonders in der heißen Jahreszeit gut schmeckt.

PHAD-THAI-KÜCHLEIN

Vorbereitungszeit: 15 Min. +
15 Min. Einweichen
Garzeit: 40 Min.

Ergibt 6 Stück

50 g getrocknete, Reis-
bandnudeln
1 EL Erdnussöl
3 Hühnerkeulen (Ober-
schenkel), von Knochen,
Haut u. Sehnen befreit
9 Eier, verquirlt
2 EL Fischsauce
1 EL Palmzucker, gerieben
1 EL Limettensaft
12 gegarte Riesengarnelen,
geschält und fein gehackt
20 g gehackte, frische
Korianderblätter

1 Ofen auf 180 °C (Gas:
Stufe 3–4) vorheizen.
6 mittelgroße Vertiefungen
eines Muffin-Bleches fetten.
2 Nudeln in kochendem
Wasser 15 Min. einweichen.
3 Öl in einer Pfanne erhitzen. Hühnerfleisch salzen
und pfeffern und bei großer
Hitze von beiden Seiten je
3–4 Min. braten bis das
Fleisch knapp durch ist.
Herausnehmen und etwas
abkühlen lassen. In dünne
Streifen schneiden. Eier,
Fischsauce, Palmzucker und
Limettensaft in einer Schüssel
mischen.
4 Nudeln auf die 6 Muffin-
Vertiefungen verteilen und an
den Seiten hochdrücken.
Hühnerfleisch und Garnelen
auf die Nudeln setzen und
mit Koriander bestreuen. Die
Vertiefungen mit der Eiermi-
schung füllen. 25–30 Min.

backen bis das Ei vollständig
gestockt ist. Heiß oder
zimmerwarm servieren.

NÄHRWERT PRO KÜCHLEIN:
Fett 18 g; Eiweiß 39 g; Kohlenhydrate 8 g; Ballaststoffe 0,5 g; Cholesterin 422 mg; 1450 kJ (345 cal)

GRÜNTEE-NUDELSALAT MIT LAMM, GURKE UND TOMATE

Vorbereitungszeit: 20 Min. +
2 Std. Marinieren
Garzeit: 10 Min.
Für 4 Personen

1 EL Pflanzenöl
1 TL scharfer Senf
2 EL Balsamessig
1/2 TL Pfeffer aus der Mühle
400 g Lammrückenfleisch, von
Fett und Sehnen befreit
250 g Grüntee-Nudeln
2 EL Sojasauce
1/2 TL Zucker
1 EL Mirin
1 TL Sesamöl
Salz
2 Salatgurken, längs halbiert
und diagonal in dünne
Scheiben geschnitten
2 große Tomaten, in 1 cm
große Würfel geschnitten
15 g frische Korianderblätter
2 Frühlingszwiebeln, diagonal
in dünne Scheiben
geschnitten
1 EL Sesamsamen, leicht
geröstet

1 Öl, Senf, 1 EL Balsamessig und 1/2 TL Pfeffer aus
der Mühle in einer Schüssel
verrühren. Lammfleisch hineingeben und mit der

Marinade überziehen. Mit
Klarsichtfolie zugedeckt
2 Std. in den Kühlschrank
stellen.
2 Nudeln in einem großen
Topf mit kochendem und
gesalzenem Wasser in 5 Min.
bissfest kochen. Abgießen
und gründlich unter fließend
kaltem Wasser abschrecken.
Abtropfen lassen. Sojasauce,
Zucker, Mirin, Sesamöl und
übrigen Balsamessig mit
1/2 TL Salz verrühren bis
der Zucker aufgelöst ist. Die
Nudeln mit der Sauce
anmachen.
3 Gurke, Tomate und
1/2 TL Salz in einer Schüssel
vermischen. Nudeln, Kori-
ander und Frühlingszwiebeln
hinzufügen und alle Zutaten
gründlich vermengen.
4 Das marinierte Lammfleisch auf einem heißen
Holzkohlengrill oder in einer
Grillpfanne von allen Seiten
je nach gewünschtem Gar-
grad in 4–5 Min. rosa bis
durch braten. Vom Grill
nehmen und 10 Min. ruhen
lassen. Den Grüntee-Nudelsalat auf 4 Portionsschüsseln
verteilen. Das Fleisch in dünne Scheiben schneiden und
auf den Nudeln anrichten.
Mit Sesamsamen bestreuen
und servieren.

NÄHRWERT PRO PORTION:
Fett 13 g; Eiweiß 31 g; Kohlenhydrate 37 g; Ballaststoffe 3,5 g; Cholesterin 74 mg; 1635 kJ (390 cal)

Phad-Thai-Küchlein (oben),
und Grüntee-Nudelsalat mit
Lamm, Gurke und Tomate

Pfannengerührtes Lamm mit Minze, Chili und Shanghai-Nudeln

Vorbereitungszeit: 15 Min.
Garzeit: 15 Min.
Für 4–6 Personen

400 g Shanghai-Nudeln
1 TL Sesamöl
2 EL Erdnussöl
220 g Lammrückenfleisch, in
    dünne Streifen geschnitten
2 Knoblauchzehen, zerdrückt
2 frische rote Chillies, entkernt
    und in dünne Ringe
    geschnitten
1 EL Austernsauce
2 TL Palmzucker, gerieben
2 EL Fischsauce
2 EL Limettensaft
10 g frische Minze, gehackt
Limettenspalten, als Garnitur

1 Nudeln in einem großen
Topf mit kochendem und
gesalzenem Wasser in
4–5 Min. bissfest kochen.
Abgießen und unter fließend
kaltem Wasser abschrecken.
Gut abtropfen lassen und
mit dem Sesamöl anmachen.
2 Erdnussöl in einem Wok
oder einer großen Pfanne
stark erhitzen. Lammfleisch
portionsweise in mehreren
Gängen darin 1–2 Min.
bräunen. Das Fleisch erneut
in den Wok geben und
Knoblauch und Chili hin-
zufügen. 30 Sek. garen, dann
Austernsauce, Palmzucker,

Pfannengerührtes Lamm mit
Minze, Chili und Shanghai-
Nudeln (oben) und Glasiertes
Schweinefleisch mit Eiernudeln

Fischsauce, Limettensaft und
Nudeln zugeben. 2–3 Min.
garen bis die Nudeln vollständig erhitzt sind. Minze
untermischen und mit Li-
mettenspalten servieren.

NÄHRWERT PRO PORTION (6):
Fett 7,5 g; Eiweiß 15 g; Kohlenhydrate 37 g; Ballaststoffe 2 g; Cholesterin 33 mg; 1170 kJ (280 cal)

Glasiertes Schweinefleisch mit Eiernudeln

Vorbereitungszeit: 20 Min.
Garzeit: 40 Min.
Für 4 Personen

100 ml dunkle Sojasauce
2 EL Hoisin-Sauce
2 EL Honig
2 TL brauner Zucker
750 g magerer Schweinebauch
    (ohne Knochen, mit
    Schwarte), in 8 cm x 2 cm
    große Streifen geschnitten
150 g Spargelbohnen, in 2 cm
    lange Stücke geschnitten
375 g frische, dünne
    Eiernudeln
1 EL Erdnussöl
2 Knoblauchzehen, zerdrückt
1 EL fein gehackter, frischer
    Ingwer
250 g junger Pak-Choi,
    geviertelt
2 EL Sojasauce
1 TL Sesamöl
1 EL Sesamsamen

1 Ofen auf 200 °C (Gas:
Stufe 4) vorheizen. Soja- und
Hoisin-Sauce, Honig und
braunen Zucker in einer
kleinen Schüssel verrühren.

Die Fleischstreifen nebeneinander auf ein Backblech
legen und mit der Sauce
bestreichen. 30 Min. backen,
dabei nach der Hälfte der
Garzeit wenden. Aus dem
Ofen nehmen.
2 Inzwischen die Bohnen
in einem Topf mit kochen-
dem und gesalzenem Wasser
15 Sek. blanchieren. Mit
einem Schaumlöffel herausnehmen und in Eiswasser
abschrecken. Das Wasser
erneut zum Kochen bringen
und die Nudeln darin 1 Min.
kochen. Abgießen und unter
fließend kaltem Wasser abschrecken. Beiseite stellen.
3 Eine Pfanne erhitzen.
Schweinefleisch und die
Marinade hineingeben und
das Fleisch von jeder Seite
2 Min. erhitzen. Dabei die
Marinade leicht einkochen.
Abkühlen lassen.
4 Erdnussöl in einem Wok
erhitzen, Knoblauch und
Ingwer hinzufügen und bei
großer Hitze 30 Sek. garen.
Pak-Choi zugeben und unter
häufigem Rühren 3–4 Min.
garen bis der Kohl knapp gar
ist. Nudeln, Bohnen,
Sojasauce, Sesamöl und -
samen hinzufügen. Das
Gericht auf 4 Portionsschüsseln aufteilen, dabei die
glasierten Schweinefleisch-
streifen auf den Nudeln
übereinander schichten.

NÄHRWERT PRO PORTION:
Fett 49,5 g; Eiweiß 62 g; Kohlenhydrate 69 g; Ballaststoffe 5,5 g; Cholesterin 179 mg; 4045 kJ (965 cal)

Register